मेरा फिल्मी सफरनामा
(संस्मरण)

मेरा फिल्मी सफरनामा

(किताब नहीं, फिल्मों के एक दीवाने के प्रेमपत्र)

शरद चंद्र देवस्थले

हिन्द युग्म
hindyugm.com
BLUE

ISBN : 978-81-948444-7-1

प्रकाशक:
हिंद युग्म ब्लू
सी-31, सेक्टर-20, नोएडा (उ.प्र.)-201301
फ़ोन- +91-120-4374046

मुद्रक : श्री मैत्रे प्रिंटेक प्रा. लि., ए-84, सेक्टर-2, नोएडा
कला-निर्देशन : विजेन्द्र एस विज

पहला संस्करण : 2021
मूल्य : ₹150

Mera Filmi Safarnaama
A memoir by *Sharad Chandra Deosthale*

Published By
Hind Yugm Blue
C-31, Sector-20, Noida (UP)-201301
Phone- +91-120-4374046
Email : sampadak@hindyugm.com
Website : www.hindyugm.com

First Edition : 2021
Price : ₹150

यह पुस्तक मेरे पूज्य पिताश्री स्वर्गीय दिनकर माधव देवस्थले को समर्पित है।

आम पिताओं की तरह उन्होंने सिनेमा देखने के लिए कभी डाँटा नहीं, बल्कि कहते थे, जाओ फिल्म देख आओ। फिल्मों के बारे में उन्होंने बहुत कुछ समझाया और सिखाया भी।

क्रम

भूमिका

मुझे हिंदी फिल्में बहुत पसंद हैं। करीब 50 साल से ऊपर का रिश्ता है। गाँवों के टूरिंग टॉकीज से शुरू हुआ यह सफर, कस्बे के सिनेमाहालों से होता हुआ छोटे शहरों के एयरकूल्ड थियेटरों में जारी रहा। कॉलेज के जमाने में जयपुर के शानदार राजमंदिर सिनेमाहाल को देखकर विस्मय की सीमा नहीं थी। आजकल तो मॉल के महँगे मल्टीप्लेक्स में बस फिल्म देख आते हैं। पॉपकॉर्न और कोक को दूर से प्रणाम रहता है। वो भी क्या दिन थे जब सिंगल स्क्रीन सिनेमाहाल के इंटरवल के ठंडे समोसों का स्वाद भी कभी अच्छा तो कभी बुरा लगता था और ये देखे जा रहे फिल्म पर निर्भर होता था।

एक आम-सा छोरा जो गाँव, कस्बों, शहरों में पला-बढ़ा था और वो एक लड़का जो दीवाना है फिल्मों का, उसी की कही कहानी है ये किताब। जैसा देखा, अनुभव किया, उसने वो तमाम संस्मरण इकट्ठा किए हैं।

इस किताब के तीन भाग हैं। पहले भाग में फिल्मों के साथ खाता-पीता-जीता वो किशोर कब एक जवान और फिर बूढ़ा हुआ, उसकी कहानी है। एक सफर ही है यह, सो इसको 'फिल्मी सफरनामा' कह दिया है। दूसरे हिस्से में दिल की जगह थोड़ा दिमाग की शरारत है, जिसे मैंने कहा है- 'फिल्में मेरी नजर से'। फिल्में देखते-देखते कब मैं एक छोटा-सा समीक्षक बन गया, इसका पता ही नहीं चला। फिल्मों के बारे में दूसरों को जब विस्तार से सुनाता था, तब किसी ने कहा कि ये लिख क्यों नहीं देते हो। और फिर कुछ समीक्षाएँ लिख दीं। पता नहीं कैसे लिखना शुरू किया, जो लोगों को पसंद आने लगा और लोग कहने लगे कि काफी जीवंत लेखन है। शायद उनका प्यार है

जो तारीफ करते हैं मेरी समीक्षाओं की। मगर फिल्में दिल से पसंद हैं मुझे, इसलिए यह लेखन दिल से है। शायद इसीलिए ये समीक्षाएँ ठीक-ठाक हैं।

तीसरा हिस्सा है संगीत से मेरा प्यार। ये ऐसा प्यार है जो आत्मा तृप्त कर देता है। इसे मैंने 'रूहानी सुकून' कहा है। मेरा विश्वास है कि दुनिया में जो सबसे खूबसूरत बात है वो है फिल्मी संगीत। ऐसा दुनिया में कोई उदाहरण नहीं है। हमारे फिल्मी कलाकार बाहर की फिल्मों के बड़ेपन के सामने दबे-दबे से दिखते हैं। होंगी उनकी फिल्में सिनेमा-क्राफ्ट, फोटोग्राफी, एक्टिंग आदि की दृष्टि से महान, मगर है क्या उनके पास ऐसा लाजवाब संगीत है जो बरसों बाद भी याद है और चेहरे पर मुस्कान ले आता हो और रूह को सुकून देता हो? नहीं है। लेकिन हिंदी सिनेमा, वाह! क्या ही कहने इसके, एक से बढ़कर एक गाने हैं। हमारे फिल्मी संगीत में मधुर से मधुरतम धुनें हैं, लाजवाब शब्द हैं और सबसे बढ़कर तो महान गायकों की बेमिसाल गायकी है।

मेरे हिसाब से इस तरह की कोई बात विश्व सिनेमा में नहीं है। जीवन-दर्शन, इश्क, प्यार-मोहब्बत, दोस्ती, देशभक्ति, माँ-बाप का प्यार, बहन की राखी, बिछोह की पीड़ा, वात्सल्य, श्रृंगार आदि, क्या नहीं है हमारे सिनेमा में! और ये सब है एक लय में, सुर-ताल के साथ। होली, दिवाली, ईद, राखी के त्योहार हैं गानों में। इन गानों में हर तरह का प्रोफेशन भी आया है। राजा-रानी, राजकुमार, बलमा-सिपहिया, थानेदार, बजाज, रंगरेज, कलेक्टर, कमिश्नर से लेकर यहाँ तक कि एक गाने में पटवारी तक का भी उल्लेख है। अरे भाई, हम लोग तो खेत में दाना चुगने आए पंछी को भी गा-गाकर कहते हैं- 'नील गगन पर उड़ते पंछी जा जा जा, देख अभी कच्चा है दाना, पक जाए तो आ आ।' इतनी बढ़िया विधा जो हमारी फिल्मों का हिस्सा है उसका कुछ वर्णन तो बनता है। इस भाग में जिन गानों ने मन को छुआ, एक बैचेनी हुई तो हमने उन भावनाओं को शब्दों के रूप में कागज पर उड़ेल दिया।

आप सभी सिनेमा के रसिकों के लिए यह किताब पेश है। इसके पन्ने महज पन्ने नहीं हैं, बल्कि फिल्मों से बेतहाशा प्यार करने वाले एक आम आदमी के ये प्रेमपत्र हैं।

सफर के साथी

फिल्मों का दीवानापन तो था ही, ऊपर से लिखने का शौक ना जाने कैसे जुड़ गया। बचपन से आज तक मैंने बहुत सारी किताबें पढ़ीं। जासूसी उपन्यास से लेकर दर्शनशास्त्र तक... हिंदी, अंगरेजी, मराठी भाषाओं की किताबें पढ़ीं। किताबें पढ़ते-पढ़ते कलम पर भी जोर-आजमाइश हो ही गई।

इंटरनेट और फेसबुक के कारण मेरे लेखन को कुछ लोगों ने पढ़ा और सराहा भी। किसी अखबार वाले, पत्रिका वाले या किसी साहित्यिक गुट की लल्लो-चप्पों नहीं करनी पड़ी। सोशल मीडिया के जरिए अपना लिखा कई लोगों तक पहुँचता देखना सुखद रहा।

इस शौकिया लेखन में झिझक थी, अनिरंतरता थी और एक कच्चापन भी था। लेकिन बहुत लोगों ने सराहा और प्रोत्साहित किया कि कुछ लिखो और हमेशा लिखते रहो। फिर क्या, मैं लिखने लगा। और अब वह समय भी आ गया है अपने इस लेखन को प्रोत्साहन देने वाले, मेरे फिल्मी ज्ञान और फिल्मी सफर में जुड़े कुछ नामों का जिक्र करने का और उन्हें धन्यवाद जैसा कुछ कहने का। इन तमाम रिश्तों में धन्यवाद शब्द जोड़ना अटपटा लग रहा है, मगर कभी तो कहना ही होगा 'थैंकयू', 'धन्यवाद', 'शुक्रिया'।

मेरे पिता दिनकर, माँ दीपा, दोनों ही फिल्मों के बड़े शौकीन थे और उन्होंने हमें कभी इससे दूर नहीं रखा बल्कि, गीत-संगीत, कहानी और पटकथा आदि के कई पहलुओं के बारे में बताया भी। मेरा छोटा भाई संजू तो फिल्मों का इनसाइक्लोपीडिया है। कौन-सा शॉट कौन-सी फिल्म का है, यह बताने में उसे चंद सेकंड ही लगते हैं।

बाल सखा और कॉलेज के जिन मित्रों के साथ मैंने भरपूर फिल्में देखी हैं वो हैं दीपक, घनश्याम, अनिल, कीर्ति, राकेश, सुनील, निरंजन और नटराज।

उस परम आनंद और गप्पों के लिए धन्यवाद मित्रों!

लिखने के लिए जबर्दस्त प्रेशर बनाने वाले और समय-समय पर मुझे प्रोत्साहन देने वाले छोटे भाई और मित्र की श्रेणी में आने वाले डॉक्टर प्रकाश मोघे का बहुत-बहुत आभार! इसी तरह से, फेसबुक पोस्टों को एक किताब की शक्ल देने के लिए प्रोत्साहित करने वाले भाई और मित्र प्रकाश वर्मा का आभार! नाम के अनुरूप इन दोनों प्रकाशों का प्रकाश मेरे लेखन के अँधियारे क्षणों में हमेशा मेरे साथ रहा है।

कई बार 'बेकार है' या 'कोई काम नहीं है' या फिर 'हाँ पढ़ लिया' जैसी टिप्पणियाँ भी मेरे लिए प्रोत्साहन की श्रेणी में आती हैं। ये एक अलग-सा रिश्ता है और इसमें बहन शुभा, बेटा राघव, भांजा सौरभ और अर्धांगिनी ज्योति आते हैं। लेकिन हाँ, कभी-कभी 'अच्छा है' भी कहा इन लोगों ने। इसीलिए इन सबका भी दिल से शुक्रिया!

हिंद युग्म प्रकाशन के शैलेश भारतवासी, वसीम अकरम तथा पूरे प्रकाशन समूह का धन्यवाद कि उन्होंने इस कच्ची माटी को सुंदर तरीके से गढ़ा और मेरे लेखन का प्रकाशन किया। धन्यवाद मित्रों!

कई सुधिजन जो फेसबुक पर अच्छे कमेंट देते रहे हैं जैसे रितेश, विक्रम, भाई ओम शुक्ला जी, कर्नल नीरव, अन्नु मामा, कुम्मू मौसी, चंद्र मोहन... आप सबका बहुत-बुत धन्यवाद! और भी बहुत सारे नाम हैं जिन्हें धन्यवाद कहना है। मगर इतने सारे नाम लिखना यहाँ संभव नहीं है।

सभी को सादर प्रणाम!

फिल्मी सफरनामा : 1

अब इतनी उम्र हो चुकी है कि आराम से कह सकते हैं कि हमारे जमाने में ये था वो था। जो बात मैं लिखने वाला हूँ वो मेरे बचपन, कैशोर्य और जवानी के दिनों की होगी। फिल्में देखते हुए बचपन से जवानी में कदम रखा। वो अदाएँ, वो हुस्न और इश्क का जादू जब सर चढ़ बैठा तो वो आज तक उतरा नहीं। आज तो मनोरंजन और टाइमपास के ढेर सारे साधन हैं। मगर हमारे वक्त में मनोरंजन या टाइमपास का साधन सब तरह के लोगों के लिए सिर्फ एक था, फिल्म, फिल्म और सिर्फ फिल्म। फिल्म यानी हिंदी फिल्में। खेल भी थे मगर उनके लिए दिन का वक्त मुकर्रर था। बहुत लोग अपना मनोरंजन खेल-कूद में ले लेते थे। मेहनत लगती थी, हार-जीत होती थी। कुछ लोग पढ़ने का शौक रखते थे। वो रानू, गुलशन नंदा, इब्ने सफी, ओमप्रकाश शर्मा, कुशवाहा, कर्नल रणजीत जैसे आम लुगदी उपन्यास तो थे ही, शहर की सरकारी लाइब्रेरी में शरद चंद्र, टैगोर, प्रेमचंद, परसाई जैसे लोगों की भी रचनाएँ मिल जाती थीं। पढ़ने का शौक कम ही लोगों को था। लेकिन वह जो हर तरह के वर्ग भेद को मिटाता एक नाम था, वो था 'हिंदी फिल्में'।

हम हिंदी फिल्मों के साथ बड़े हुए। खेल-कूद पर कोई रोक नहीं थी, किताबें पढ़ने के लिए प्रोत्साहन दिया जाता था। मगर फिल्में देखने पर प्रतिबंध था। महीने में अधिकतम दो फिल्में देख सकते थे। वैसे हम लोग तो अखबार में फिल्मों के विज्ञापन पढ़कर ही खुश हो जाया करते थे। मुझे अभी भी याद है मेरे छोटे भाई का अखबार हाथ में लेकर जोरों से चीखना- "दादा, देख सूरज फिल्म के 25 हफ्ते पूरे हो गए। " उसे इसी बात से खुशी थी। उसका चेहरा ऐसा चमक रहा था जितना फिल्म के गोल्डन जुबली पर फिल्म सूरज के हीरो राजेंद्र कुमार का चेहरा भी नहीं चमका होगा। उस समय वो अखबार

पढ़ने के नाम पर आखिर के पन्ने पर छपा एक कॉलम 'शहर के सिनेमाघरों में' ही पढ़ा करता था। वो रायपुर शहर के सभी सिनेमाघरों में चल रहे फिल्मों के नाम, हफ्ते और कलाकारों के नाम जोर-जोर से पढ़ता था। सात या आठ साल का था तब वो।

ये जो फिल्मों वाला कोना था उसमें दो बातें उल्लेखनीय हैं। कभी-कभी छपने वाले दो शीर्षक थे। पहला- घटी हुई दरों में (यानी कंसेशनल रेट में, फिल्म उतारने के पहले टिकटों के दाम कुछ कम कर दिए जाते थे)। दूसरा- दो एक्स्ट्रा रीलों के साथ।

ये दो बातें आज मैं बहुत मिस करता हूँ। ये जो दूसरा शीर्षक था, वो शोले फिल्म (या यूँ कहें शोले महोत्सव के समय) के समय बहुत चला था। अखबारों में विशेष रूप से लिखा जाता था कि फिल्म में दो रीलें और जोड़ी गई हैं। फिल्म में जया भादुरी का होली वाला सीन भी अब दिखाया जाएगा।

फिल्में और हमारे शहर के सिनेमा हॉल हमारे लिए गर्व का विषय होते थे। शुक्रवार को हमारे कस्बे या छोटे से शहर के सिनेमा हॉल में बाम्बे के साथ-ही-साथ फिल्म का रिलीज होना गर्व का विषय होता था। कोई नया बना थियेटर कम-से-कम एशिया का सेकंड बेस्ट जरूर कहा जाता था। ये एशिया कहाँ तक होता था, हमें पता नहीं था तब।

हमारा जगदलपुर शहर, जिसका सबसे नजदीकी रेलवे स्टेशन रायपुर था, वो 200 किलोमीटर दूर था। जगदलपुर एक जिला मुख्यालय तो था मगर एक कस्बे के ही जैसा था। जब एक फिल्म 24 फरवरी (शुक्रवार) को रिलीज हो रही थी, तब हमारे शहर के न्यू नरेंद्र थियेटर के मालिक ने पहला शो सुबह छह बजे का रख दिया। बड़े जोरों से विज्ञापन हुआ- 'एशिया का पहला शो, आपके अपने जगदलपुर के न्यू नरेंद्र के रुपहले परदे पर।'

हम सब चौड़ा सीना लेकर घूम रहे थे। ऐसी ही अनेक यादें हैं, जो चेहरे पर मुस्कान ला देती हैं। वो भोलापन, वो उत्साह... वो यादें, अब एक टीस-सी हैं। यादों का वो काँटा निकालना है आज, शायद वो मीठा दर्द कम हो।

ऐसी ही कई बातों का सिलसिला आगे जारी रहेगा।

फिल्मी सफरनामा : 2

जहाँ तक मुझे याद है, मेरी पहली देखी फिल्म थी 'सूरज'। सन 1966 में रिलीज इस फिल्म के मुख्य कलाकार थे- राजेंद्र कुमार और वैजयंती माला। इसमें अजीत, मुमताज, जॉनी वाकर, ललिता पवार, मुकरी आदि भी थे। ये एक आम राजमहल, राजघराना, निर्वासित राजकुमार आदि टाइप की फिल्म थी। ढेर सारे नृत्य, फौज, सिपाही, षड्यंत्र, वो जेलें बस ऐसा ही सब कुछ था। ये मेरी पहली याद है फिल्म की। ढेर सारा रोमांच था फिल्म देखने का।

उन दिनों मेरे पिताजी की पोस्टिंग बीजापुर नामक एक छोटे से गाँव में थी। बस्तर जिले की एक तहसील थी बीजापुर जो तब मध्य प्रदेश में पड़ता था। आज बीजापुर एक जिला है और यह छतीसगढ़ प्रदेश में है। आज ये धुर-नक्सली इलाका कहलाता है। उस समय इस समस्या का सूत्रपात हुआ ही था। हम सब छुट्टियों में वहाँ (बीजापुर) से रायपुर गए थे। शायद पिताजी को रायपुर संभाग में कोई काम था अत: बीजापुर से जिला मुख्यालय जगदलपुर होते हुए हम रायपुर पहुँचे थे। रायपुर एक बड़ा शहर हुआ करता था और उस समय शायद पाँच या छह थियेटर थे रायपुर में। बीजापुर एक छोटा-सा गाँव था जहाँ की जनसंख्या उस समय करीब 1000 ही थी। बिजली की व्यवस्था नहीं और हाई स्कूल अभी-अभी ही खुला था। गाँव में नाई भी नहीं था। हफ्ते में एक दिन दूसरे गाँव से आता था। ढेर सारा जंगल, कुछ सरकारी कर्मचारी और आदिवासी, बस यही सब था। इस गाँव से रायपुर जैसे शहर जाना और वहाँ जाकर सिनेमा देखना अपने-आप में एक उपलब्धि थी।

जिन अंकल के घर में रुके थे उन्होंने कहा कि वो हम सब बच्चों को फिल्म दिखाने ले जाएँगे। उस समय दो फिल्में जोरों से चल रही थीं। एक थी 'सूरज' और दूसरी 'ममता'। हम लोगों से कहा गया कि चूँकि ममता एक

गंभीर किस्म की फिल्म है, बच्चा पार्टी को सिर्फ सूरज दिखाई जाएगी। सूरज फिल्म समझ में आएगी और तुम लोगों को मजा आएगा। ममता फिल्म एक गंभीर विषय पर है तो तुम लोगों को समझ नहीं आएगी। हम लोगों के लटके चेहरे देखकर बड़ों को दया आई और कहा गया कि ठीक है कल या परसों ममता भी दिखा दी जाएगी।

तो पहले बात करते हैं फिल्म सूरज की। सच में बड़ी बचकानी फिल्म थी। वही राजघराने के षड्यंत्र, वो चमचमाती ड्रेसें, बाअदब, बामूलाहिजा वाले संवाद। गंगाधर ही शक्तिमान है, ये फिल्म के आखिर में पता चलता है। हीरो राजेंद्र कुमार डाकू ना होकर राजवंश का है, और फिर उनका वैजयंती माला से विवाह मान्य किया गया सर्वसम्मति से। सब हँसी-खुशी रहने लगे। एक हाथी है, एक घोड़ा है हीरो के पास, जो मनचाहे करतब दिखाते हैं और मुश्किल घड़ी में काम में आते हैं। मतलब ये कि बच्चा पार्टी खुश हो गई फिल्म देखकर। 'बहारों फूल बरसाओ', ये गाना उस दिन से जबान पर ऐसा चढ़ा कि आज भी गुनगुनाता हूँ। मेरे पसंदीदा संगीतकार शंकर जयकिशन के साथ दो गीतकार शैलेंद्र और हसरत जयपुरी ने और कई बढ़िया गाने दिए इस फिल्म में। लेकिन पता नहीं क्यों हसरत जयपुरी का बहारों फूल बरसाओ उस वक्त का इकलौता पसंदीदा गाना था। और भी गाने थे- 'कैसे समझाऊँ बड़े ना समझ हो', 'चेहरे पे गिरी जुल्फें', 'तितली उड़ी, उड़ के चली', ये सभी हिट गाने थे।

दूसरी फिल्म 'ममता' सच में संजीदा फिल्म थी। अशोक कुमार और सुचित्रा सेन की अधूरी प्रेमकथा थी। धर्मेंद्र भी थे। सुचित्रा सेन का डबल रोल था। उस फिल्म का एक शॉट धुँधला-सा याद है। अशोक कुमार सिगरेट का आखिरी कश लगा रहे हैं। चेहरे के वो भाव भुलाए नहीं भूलते हैं। घर पर जब बड़े लोग उस फिल्म के कई प्रसंगों पर बात करते थे तब उसे सुन-सुन के अच्छी फिल्म, अच्छी एक्टिंग आदि के बारे में समझ बननी शुरू हुई। शायद ममता ही वो फिल्म है जहाँ से अच्छे सिनेमा की चाह शुरू हुई। 'रहें न रहें हम महका करेंगे, बन के कली बन के सबा बागे-वफा में', और 'रहते थे कभी जिनके दिल में' से ही रौशन के संगीत और मजरूह सुल्तानपुरी के गीतों से

पहला परिचय हुआ था मेरा।

एक साल बाद पिताजी का तबादला कोंडागाँव हुआ, ये बस्तर जिले के मुख्यालय जगदलपुर से दो घंटे बस के सफर पर था। अपेक्षाकृत बड़ा कस्बा। बिजली भी थी, और हाई स्कूल भी। इस कस्बे में भी थियेटर नहीं था। हाँ मगर एक मजेदार संस्था देखने को मिली। आजकल तो यह सब है ही नहीं। बरसों पहले एक टूरिंग टॉकीज नामक चीज हुआ करती थी। यह जोड़-तोड़कर, टीन के पतरों से बना अस्थायी सिनेमा हॉल था।

फिल्मी सफरनामा : 3

टूरिंग टॉकीज। जैसा नाम वैसी सीरत। गाँव-गाँव घूमता सिनेमा। आज से 40-50 साल पहले इनका वजूद था, पता नहीं अब है या भी नहीं। सर्कस की तरह ही इनका सेटअप हुआ करता था। अस्थायी। जहाँ भी गए, एक खाली-सा मैदान चुना और तान दिया टॉकीज। कस्बे के बाहर के मैदान में टिन के पतरे लगाकर एक चतुर्भुज हाल बनाया जाता था। एक कोने में परदा ताना जाता था। उसके विपरीत दिशा में एक अस्थायी स्ट्रक्चर बनाते थे, जिसमें प्रोजेक्टर रूम बनता था। प्रोजेक्टर रूम के नीचे से उच्च श्रेणी शुरू होती थी जहाँ कुछ टूटे सोफे, कुर्सियाँ रखी जाती थीं। फिर मध्यम श्रेणी जहाँ लकड़ी की बल्लियों पर चपटे पटिये ठोंककर बेंच बनाई जाती थी। सबसे आखिर में मैदान यूँ ही रहता था। ये चवन्नी क्लास था। यहाँ लोग खुद के लिए दरी या कपड़े के टुकड़े लेकर आते थे, और उसे बिछाकर जमीन पर बैठकर फिल्म का मजा लेते थे। परदे के दूसरे ओर भी बैठने की सुविधा थी करीब-करीब मुफ्त। क्योंकि उधर सब उल्टा दिखता था।

ऊपर आसमान और नीचे परदा, और हम दर्शक लोग। जाहिर है खुले आसमान के नीचे शो करना सिर्फ दो शो की ही इजाजत देता था। शाम 6 से 9 और दूसरा 9 से रात 1 बजे या फिर 2 बजे या जितने भी बजे तक। कोई भी तीन घंटे का शो तीन घंटे में पूरा होगा, ऐसा नहीं था। बिजली जाती थी, जनरेटर स्टार्ट हुआ नहीं हुआ। रील वाले प्रोजेक्टर थे। तीन से चार इंटरवल हुआ करते थे। थोड़ी-थोड़ी देर में 'रील बदली जा रही है, कृपया शांत रहें' की स्लाइड प्रोजेक्टर पर लगा दी जाती थी। ये स्लाइड आते के साथ ही हुड़दंग और शोर-शराबा हुआ करता था।

आज भी याद आता है वो रील के खत्म होते वक्त वो खाली फ्रेमों का

तेजी से चलना, फिर अचानक परदे का सफेद हो जाना। यह एक रोमांटिक सीन है मेरे लिए। जिन्होंने ये रील बदलने वाले सिनेमाघरों में फिल्में देखी हैं वो इस खूबसूरती को समझ पाएँगे। हालाँकि ऑपरेटर बाबू तीन-चार रीलों को जोड़कर इंटरवल की संख्या छोटी रखने की कोशिश करते थे, मगर पता नहीं वो गोंद कैसी थी जो रीलों को चिपकाए नहीं रख पाती थी, और 'रील टूटना' नामक घटना कई बार होती थी। एक नयी स्लाइड परदे पर आ जाती थे- 'रील टूटने के लिए खेद है, रील बदली जा रही है, शांत रहें।' फिर शुरू होता था दर्शकों और ऑपरेटर बाबू के बीच आत्मीय संबंधों का बनना। चिल्ला-चिल्लाकर गालियाँ दी जातीं थीं। सीटियाँ, फब्तियाँ और हो-हल्ला आदि क्या नहीं होता था। कुछ शांतिदूत भी थे जो कहते थे- "हो जाता है, आदमी ही है ना, चुप रहो। "

टूरिंग टॉकीज कोई भी हो, ये जो ऑपरेटर होते थे वो अक्सर बंगाली दादा हुआ करते थे। कमल दा, भट्टाचार्जी दादा, या घोष बाबू। दिन के वक्त कस्बे के कलाकार, मिस्त्री टाइप के छोकरे उन्हें घेरे रहते थे। बदले में उन्हें प्रोजेक्टर रूम की सैर, वो रील के डिब्बों को हाथ लगाना, रीलों को जोड़ते देखने की अनुमति जैसे विशेषाधिकार प्राप्त होते थे। बाद में ये लोग आकर हम लोगों पर रौब झाड़ते थे। वैसे कितनी भी गालियाँ मिली हों, ये बंगाली दादा एक अलग ही रौब में रहते थे। कभी उनको गुस्सा आ गया तो उन्हें मनाने के लिए थियेटर मालिक से लेकर पूरा गाँव जुट जाता था। वो भी मान जाते थे और रील जोड़ने का काम कर फिर से सिनेमा शुरू कर देते थे। सभी उनके हुनर की तारीफ करने में जुट जाते थे। फिर कुछ दिनों बाद फिर वही। यानी तकनीकी विशेषता प्राप्त यही एक व्यक्ति हुआ करता था और उसका एक जलवा हुआ करता था। मैंने तो सब बंगाली दादा ही देखे इस धंधे में।

एक और श्रेणी थी गेट कीपर की। ये अक्सर उसी कस्बे के किशोर हुआ करते थे और मालिक के कड़े हुक्म को तोड़ना थोड़े दिन में सीख ही जाते थे। पहले कुछ दिन अतिरिक्त रुआब में ये लोग बाहर की साइड से टिन के पटरे पर आँख गड़ाए लड़कों को भी खदेड़ते थे। मगर बाद में इंटरवल के बाद या रील बदली जा रही है वाले अंतराल में अपने चहेतों को अंदर घुसा

दिया करते थे। छात्र वर्ग इनसे 'पिक्चर कैसी है ?' वाला प्रश्न करते थे और पूरी स्टोरी सुनकर ही हटते थे।

इसी तरह एक टूरिंग टॉकीज बनकर खड़ा हो गया। पहले दिन बाहर-बाहर घूमकर ही खुश थे हम लोग। दूर से परदा झिलमिलाता हुआ दिखता था। कुछ संवाद भी सुनाई दे रहे थे। हम बेगानी शादी में अब्दुल्ला दीवाना बने घूम रहे थे। दूसरे दिन से घर में खुशामदें शुरू- 'देखने जाना है। सब कह रहे हैं, अच्छी फिल्म है, भगवान की फिल्म है, पढ़ाई पूरी हो गई है...' ऐसे कई वाक्यांश घर में गूँज रहे थे।

फिल्मी सफरनामा : 4

जैसा कि आमतौर पर कस्बों का, टूरिंग टॉकीज का अलिखित नियम हुआ करता था कि पहली फिल्म धार्मिक ही होनी चाहिए, तो इस नियम का पालन हुआ। और पहली फिल्म के रूप में 'कण-कण में भगवान' लगी।

अब ये फिल्म हमें पहले दिन तो देखने के लिए नहीं मिली मगर बाहर खड़े होकर टीन के पतरों के बीच से छनकर आती आवाजों और चमकती लाइटों का मजा शुरू के दो दिन हम सब ने लिया। खैर, एक दिन पैसे दिए गए और हम लोग टूरिंग टॉकीज के अंदर थे।

कुछ भी याद नहीं है कि उस फिल्म की क्या कहानी थी। मगर बहुत मजा आया था इतना याद है। उस समय धार्मिक फिल्में देखने में बड़ा मजा आता था। वो चलते बाण, उनसे निकलती चिंगारियाँ। फिर दो शस्त्रों का टकराना, फिर गिर जाना। देवताओं और असुरों द्वारा हाथ उठाकर मंत्र पढ़ना, और ढिश्श्यूँ की ध्वनि के साथ हाथ में तीर या खड्ग आ जाना।

सबसे ज्यादा धार्मिक फिल्मों में पसंदीदा पात्र होता था, नारद मुनि। वो 'नारायण-नारायण' कहते हुए कहीं भी घुस जाते थे। फिर उपद्रवी बातें कहते थे। विष्णुजी और लक्ष्मी माँ के बीच आग लगाना, महादेव के विरुद्ध पार्वती के कान भरना, बस मजा आ जाता था। फिर नारायण-नारायण कहते हुए अंतर्ध्यान हो जाना। हम बच्चे आश्चर्य करते थे कि ये गायब कैसे हो जाते हैं, और अचानक कैसे आ जाते हैं। तब पहली बार लोगों ने बताया कि इसे ट्रिक फोटोग्राफी कहते हैं। इस ट्रिक फोटोग्राफी पर बहुत डिस्कशन हुआ करता था। नारायण-नारायण... फिर गायब... इस बात का जो भोलापन था वो आज भी याद आता है और हमारे चेहरे पर मुस्कान आ जाती है।

तो वो कण-कण में भगवान, टूरिंग टॉकीज की देखी पहली फिल्म। कुछ

याद नहीं सिवाय इसके कि बहुत मजा आया था। अगली फिल्म जो लगने वाली थी वो फिल्म 'अंदाज' थी। घर में कह दिया गया कि ये फिल्म बच्चों को देखने को नहीं मिलेगी। ये फिल्म थी तो सामाजिक मगर शायद पुनर्विवाह आदि था इसमें। उस वक्त बड़ों द्वारा ये तय किया गया कि यह एक बोल्ड विषय है सो बच्चे नो नो।

ठीक है, मगर बाहर खड़े होकर वो फेमस गाना कई बार सुना- 'जिंदगी एक सफर है सुहाना, यहाँ कल क्या हो किसने जाना।'

वैसे मेरे पिताजी कभी प्रतिबंध नहीं लगाते थे, मगर इस बैन की वजह पड़ोस के एक अंकल थे। उनकी वजह से यह फिल्म देखने को नहीं मिली थी। वैसे हम लोग साइकल लेकर टॉकीज के बाहर से गुजरते थे, और चेन गिरने, उसे लगाने का बहाना करते हुए, कुछ मिनट टीन के पतरों से अंदर झाँक ही लेते थे। जब गार्ड को समझ में आता था कि ये चेन कुछ ज्यादा ही देर ले रही है ठीक होने में, तो वो हमें दौड़ाता था। खैर वो पाँच एक मिनट का आनंद आज भी याद आता है।

अब फिल्म बदलने का समय आ रहा था। अंदाज के बाद फिर एक धार्मिक फिल्म की बारी थी। अगली फिल्म थी 'बिल्व मंगल'। शायद ये पूर्ण रूप से धार्मिक फिल्म नहीं थी। भारत की दंत कथाओं में बिल्व मंगल (बंगाल में), सूरदास (उत्तर भारत में), विल्वमंगलम (दक्षिण भारत में), एक कृष्ण भक्त संत हुए हैं जो एक दीवाना आशिक हुआ करते थे। इस फिल्म की भी ज्यादा कुछ याद नहीं है, मगर फिल्म लगने के पहले जो रिक्शे पर विज्ञापन हुआ करता था, वो आज भी याद है।

रिक्शे पर घूमता वो स्थानीय अलाउंसर (पता नहीं क्यों करीब-करीब उत्तर भारत के हर कस्बे में अनाउंस को अलाउंस और अनाउंसर को अलाउंसर उच्चारा जाता है), अपने-आप को अमीन सयानी समझता हुआ फिल्मों का विज्ञापन करता था।

शायद हमारी जिंदगी का वो पहला एडवरटिजमेंट था जिसकी बलि चढ़े थे हम लोग। हमारे लोकल अमीन सयानी जी ने रिक्शे पर अलाउंस किया- 'क्या कहूँ कुछ कहा नहीं जाए, बिल्व मंगल देखे बिना रहा नहीं जाए।' हम

सबने सोचा, भाई ऐसी क्या छटपटाहट है कि बिल्व मंगल देखे बिना लोग रह नहीं पा रहे हैं, और कुछ कह भी नहीं पा रहे हैं। तो विज्ञापन की दुनिया से ये पहला परिचय था, बेवकूफ बनने की शुरुआत थी। उसके बाद से बस ठगे ही जा रहे हैं हम, बेचने वालों ने हर तरह की चीज थमा दी। आज समझ आया है कि दुनिया की रीत यही है, कुछ-न-कुछ आप पर थोपा जरूर जाएगा।

खैर तो ये था टूरिंग टॉकीज का मजा। ठंड और गर्मी तक तो ठीक मगर बरसात में करीब-करीब बंद ही रहते थे ये टॉकीज। नहीं मामा से काना मामा की तर्ज पर इसका भी मजा लिया गया।

उस समय फिल्मों के बारे में जानने का रिक्शे वाला एक तरीका था। आने वाली फिल्मों के बारे में कुछ ऐसे पता लगता था- 'बस आखिरी कुछ ही दिन बिल्व मंगल के... जल्द ही आ रही है नये प्रिंट में... आन मिलो सजना या गोपी...' या ऐसा ही कुछ।

इसके अलावा आने वाली फिल्मों के बारे में जानने का एक जरिया गॉसिप, अफवाहें हुआ करती थीं। इन सब में हमारा सोर्स था हमरे क्लास का लड़का पटेल। उसका घर टूरिंग टॉकीज के बगल में था और वह अक्सर वहाँ के लोगों से मिला करता था। पड़ोसी था उन सबका। बंगाली दादा से उसकी अच्छी पहचान थी और कई बार प्रोजेक्टर रूम में वो जा चुका था। अगर उसने बोल दिया कि अगली फिल्म गोपी है तो वही होता था।

टूरिंग टॉकीज की वो 'रील टूटने के लिए खेद है, रील बदली जा रही है, शांत रहें' रह-रहकर याद आता है। वो शोरगुल, वो ऑपरेटर से गालियों में आत्मीय संबंधों का बनना... फिर खर्र-पटर की ध्वनि के साथ फिल्म शुरू होना। फिल्म से ज्यादा याद आता है ये सब। खैर, ये टूरिंग टॉकीज वाला अध्याय बंद होने को था।

हमारा कस्बा कोंडागाँव अब तरक्की की राह पर था। एक पक्के सिनेमाघर का निर्माण चल रहा था। हम सब उस गौरव का अनुभव कर रहे थे जो हमारे कस्बे को मिलना था। उस सिनेमा हॉल का नाम अब भी याद है- 'किशोर टॉकीज'।

फिल्मी सफरनामा : 5

हमारा कस्बा कोंडगाँव अब स्थायी सिनेमा हॉल पाने वाला था। किशोर टॉकीज। उद्घाटन का दिन तो पूरे कस्बे के लिए मानों उत्सव का दिन था। हम सब चेहरे पर मुस्कान और उत्सुकता लिए हुए उस सुबह का इंतजार कर रहे थे। पहला शो दोपहर 12 बजे होने वाला था। दिन के उजाले में सिनेमा देखना, सच हमारी बाँछे खिली हुई थीं। सुबह दस बजे से हम थियेटर के बाहर पहुँच गए थे। छोटे भाई संजु को गच्चा दिया गया कि सिनेमा तो 12 बजे से है, हम लोग कहीं और जा रहे हैं। इतने जल्दी घर से निकलने से इस बात की पुष्टि हो गई कि हम वाकई सिनेमा नहीं जा रहे हैं। बड़े भाई अक्सर छोटे भाइयों को यूँ ही टपकाते रहते हैं। जल्दी पहुँचने के बावजूद लंबी लाइनों ने हमारा हौसला तोड़-सा दिया। तब हमारे मित्र निरंजन ने कहा कि भीड़ में घुसकर पहले दिन पहले शो का टिकट लेने की उसे आदत है। वो जगदलपुर (जिला मुख्यालय) में रह चुका था, सो हम सबने टिकट के पैसे उसे सुपुर्द किए और उसे भीड़ में धक्का दे दिया। थोड़े देर बाद वो शर्ट की फटी बाँह और टिकट लेकर हमारे सामने खड़ा था।

12 बज चुके थे मगर शो शुरू नहीं हो रहा था। टॉकीज को पावर कनेक्शन देने का काम चल ही रहा था। खैर हम भी ट्रांसफॉर्मर देखते खड़े रहे। उस जमाने में हम ट्रांसफॉर्मर देख रहे थे। देखिए करीब 45 साल पहले हमने सिनेमा हॉल के बाहर ट्रांसफॉर्मर देखी, ये फिल्म लोग आज देख रहे हैं। वो इलेक्ट्रिसिटी बोर्ड वालों का केबल, तारों से जूझना मजेदार सीन था। तार जुड़े, चिंगारियाँ उड़ीं और भीड़ ने जैकारा लगाया- 'बिजली आ गई।' हम सब धक्का-मुक्की करते हुए हाल में घुसे। कोई सीट नंबर थे नहीं, बेंचें थीं, और हमारी प्राथमिकता थी कि सब दोस्त एक साथ बैठें। खैर ये मुमकिन हो गया।

हम सब बैठे और इंतजार करने लगे। दरवाजे बंद हुए और अँधेरा, दिन में, वाह। न्यूज रील शुरू, ओह ये चमत्कार हो रहा था, हम सब मंत्रमुग्ध बैठे थे।

फिल्म शुरू हुई। ये फिल्म थी 'उस्ताद पेड्रो'। आज शायद ही कोई इस फिल्म का नाम जान रहा होगा। ये वही आम-सी फिल्म थी। इसमें थे एक भीमकाय से हीरो 'शेख मुख्तार'। ये आदमी जितना भी लंबा-चौड़ा था, मगर चेहरे पर मासूमियत थी। चेहरा भी चॉकलेटी नहीं बल्कि कटा-फटा था, शायद छुरे का निशान था, चेहरे पर। फिर थे इसमें जूनियर महमूद। और ये तो हमारे लिए फिल्म का हीरो ही था। हीरोइन थीं मीना रॉय, भूरी आँखों वाली ये अभिनेत्री, उस जमाने की सी-ग्रेड फिल्मों की नायिका थीं। इनके बाद मुमताज का पदार्पण हुआ। हाय मुमताज, इस मुमताज की छोटी मगर प्यारी-सी नाक के लिए वही बात कहना चाहूँगा जो क्लियोपेट्रा के लिए कही गई थी कि 'अगर इसकी नाक थोड़ी और लंबी होती तो इतिहास कुछ और होता।' विश्व इतिहास लिखने वाले कहते हैं कि अगर क्लियोपेट्रा की नाक थोड़ी और लंबी होती तो यह बात विश्व इतिहास बदल सकती थी। वहीं मैं ये कहना चाहता हूँ कि मुमताज की नाक थोड़ी और लंबी होती तो वो बॉलीवुड का इतिहास बदल देती। छोटी-सी नाक के बावजूद सी-ग्रेड से चोटी की हीरोइन बनना, मुमताज के लिए ही संभव था।

चलिए फिल्म उस्ताद पेड्रो पर आते हैं। ये आम राजमहल वाली फिल्म थी, जहाँ एक राजा, उसका धूर्त मंत्री या सेनापति हुआ करता था। एक दुखियारी माँ, एक स्वामीभक्त राजगुरु, राजदार नौकर, दुखियारी प्रजा, षड्यंत्र, कुटिल चालें, बस ऐसा ही कुछ। शेख मुख्तार एक रफ-टफ हीरो थे, जैसे-तैसे संवाद बोल लेते थे। चेहरा कितना भी कटा-फटा था मगर मासूमियत थी बंदे के चेहरे पर। तो ये हीरो हमारे छोटे हीरो जूनियर महमूद के साथ मिलकर राज्य के धूर्त, बदमाशों को ठिकाने लगाते हैं और अमन चैन का राज्य कायम करते हैं। इस फिल्म में हमारा हीरो था जूनियर महमूद। वो हास्य पैदा करता था। शरारतें करता था, और कुटिल सेनापति वगैरह से दो कदम आगे ही रहता था। एक बार तो सेनापति के आदमी उसे पकड़कर, हाथ पैर बाँध रेल की पटरी पर फेंक देते हैं। उधर से रेल चली आ रही है, और इधर हमारे दिल की

धड़कनें तेज। क्या होगा? कोई आ क्यों नहीं रहा है बचाने को? अगले शॉट में ये जूनियर महमूद, और ये इंजन, और वो धड़धड़ाता हुआ उस पर से गुजर गया। हमारे आँसू निकलने को हैं, और ये रहा रेल का आखिरी डिब्बा और पटरियों के बीच खड़ा जूनियर महमूद, फिर रेल की पटरी। और हमारा हीरो बच गया क्योंकि आखिरी वक्त उसने अपने-आप को रेल पटरी के समानांतर कर लिया और बीच में लेटा रहा। ट्रेन ऊपर से गई मगर उसे कुछ नहीं हुआ। हम सब ने उसी वक्त डिसाइड किया अगर हम पर कभी ऐसी नौबत आई तो हम भी यही ट्रिक अपनाएँगे। बचपन का वो भोलापन, वो मासूमियत आज भी होठों पर मुस्कान ला ही देती है। हे भगवान भोलेपन या बुद्धूपन की हद होती है। मगर फिर भी ये याद अच्छी है, एक काल्पनिक सिचुएशन का सामना, वो भी फिल्म में देखी हुई ट्रिक से। हा हा हा हा।

इस फिल्म को पसंद करने का एक और कारण था। जैसा जिक्र किया है कि जिस दिन इलेक्ट्रिक कनेक्शन हुआ उसी दिन पहला शो हम लोग देख रहे थे। जल्दबाजी में किया कनेक्शन धड़ बोल गया। इंटरवल के पहले ही केबल जल गई और शो रद्द किया गया। काफी हो हल्ले के बीच सिनेमा मालिक ने घोषणा की कि यही टिकट कल भी चलेगी और पूरी फिल्म दिखाई जाएगी। तो साहेबान उसी पैसे में फिल्म हमने डेढ़ बार देखी। वाह ऐसा मजा और कहाँ। तो ये थी पहले परमानेंट थियेटर की पहली फिल्म की दास्तान। बाद में शायद 4-5 फिल्में ही देखीं। पिताजी का फिर तबादला हो गया। अबकी बार जिला मुख्यालय, जगदलपुर में।

जगदलपुर में उस वक्त 5 सिनेमा हॉल थे। जगदलपुर में काफी मजा आया, और काफी फिल्में देखीं।

फिल्मी सफरनामा : 6

कोंडागाँव के किशोर टॉकीज के मजे सिर्फ एक साल ही ले पाए कि पिताजी का तबादला जगदलपुर हो गया। जगदलपुर जिला मुख्यालय था और कोंडागाँव से काफी बड़ा था। यहाँ 4 सिनेमा हॉल थे। घर के पास एक थियेटर था उसका नाम था नरेंद्र। इसके मालिक ने नया हाल खोला तो उसका नाम न्यू नरेंद्र रखा। नरेंद्र भाई साहब हमारे स्कूल में पढ़ा करते थे। उनका एक विशेष दर्जा हुआ करता था। वो हम सब को ताजातरीन जानकारियाँ दिया करता था कि कब कौन-सी फिल्म लगने वाली है, कौन-सी उतरने वाली है।

उस समय एक दो बड़ी बातें होती थीं फिल्मों से संबंधित। एक था 'घटी हुई दरों में' और दूसरा था 'दो नयी रीलों के साथ, या नयी न्यूज रील भारत वेस्टइंडीज के मैच के साथ।' ये दो मार्केटिंग गिमिक एक बार और सिनेमा देखने पर मजबूर करते थे। न्यूज रील भारत सरकार के फिल्म डिवीजन के द्वारा बनाई जाने वाली डॉक्यूमेंट्री होती थी, जिसमें 5 या 10 मिनटों में कई तरह की न्यूज दिखाई जाती थी- इंदिरा गाँधी का मास्को में भावी स्वागत... फिर वो हाथ हिलाते बच्चे, वो इंदिरा जी का रशियन लीडरों से हाथ मिलाना, कोई दस्तावेजों पर हस्ताक्षर करना। फिर कोई और समाचार, इसके बाद एक मिनट में भारत और वेस्टइंडीज के दूसरे टेस्ट में भारत की शानदार विजय का समाचार... दर्शकों की भीड़ का एक शॉट फिर वो दस सेकंड का एक आध विश्वनाथ के बल्ले से निकला फ्लिक और सोलकर का कैच... ये दस सेकंड जो रोमांच भर देते थे अकल्पनीय है।

आज एक्शन रिप्ले भी वो मजा नहीं देते हैं। हममें से बहुत लोग इस न्यूज रील के कारण भी फिल्म देखने जाते थे।

एक और बात फैशन में थी उस समय। 'फस्स दे फस्स सो' बोला ऐसे

जाता था जो वास्तव में फर्स्ट डे फर्स्ट शो है। पहले दिन पहला शो देखना मर्दानगी और रसिकता का प्रतीक हुआ करता था। हमारे स्कूल में और पास पड़ोस में ऐसे कई लड़के थे जिनको इस एलीट, अभिजात्य क्लब की सदस्यता प्राप्त थी। हम लोग थोड़े पढ़ाकू, घरेलू टाइप के थे। मन-ही-मन इस वर्ग में जाने की इच्छा रहती थी। एक दो बार घर में पहले दिन पहले शो के लिए इजाजत माँगी गई मगर घर के बड़ों का तीखा-सा जवाब था- 'क्या उन शोहदों (बदमाश) के साथ अपना नाम शामिल करना है?'

अब कैसे समझाएँ कि हाँ, हमारी इच्छा उस क्लब को जॉइन करने की है। ये पढ़ाकू का लेबल हटाने की हमारी दिली इच्छा है। खैर एक बार तो इजाजत मिली थी... सो उसी की खुशी आज तक है।

ये फर्स्ट शो को हमारे शहर के लोगों ने जबर्दस्त रूप से खींचा था। उस समय भी फिल्में शुक्रवार को ही रिलीज हुआ करती थीं। पायरेसी वगैरह का जमाना नहीं था। रील एक आध दिन पहले आ जाया करती थीं। मगर वो जबान और अनुबंध से बँधे रहने के दिन थे। सो शुक्रवार को ही फिल्म एक साथ कई शहरों में रिलीज होती थीं।

हमारे शहर के एक थियेटर न्यू नरेंद्र ने पहला शो सुबह 9 बजे का रखा। उन दिनों अक्सर शाम 6 और 9 के रेगुलर शो होते थे और जो मैटिनी शो हुआ करते थे वो अक्सर दोपहर 12 या शाम 3 बजे को हुआ करते थे। इस कदम से उन्होंने शुक्रवार का अनुबंध नहीं तोड़ा मगर गर्व से कह सके कि भारत का पहला शो जगदलपुर में। हम सबने जब रिक्शे पर ये ये सुना और पेपर में भी पढ़ा कि इंडिया का पहला शो आपके शहर के न्यू नरेंद्र टॉकीज के रुपहले परदे पर, तो कसम से सीना गर्व से चौड़ा हो गया था। बात यहीं पर नहीं रुकी, अगली फिल्म फिर एशिया का पहला शो थी। अबकी बार शो शुरू किया गया था सुबह 6 बजे।

सुबह छह बजे की टिकट लेने के लिए लोग अलस्सुबह चार बजे मुँह में दातौन लेकर खड़े हुए थे। वो शो भी फुल था। सुबह का वक्त था, सो थोड़ा सिनेमा हॉल में साँस की समस्या हो गई थी। खैर दो-तीन फिल्मों के बाद ये सुबह छह वाले शो बंद हो गए थे। जगदलपुर में करीब दो साल रहे, उसमें से

एक साल मैं बाहर रहा। वो जगदलपुर में सिनेमा के दिन बंद हुए और फिर कॉलेज के दिन शुरू हुए। रायपुर में खूब फिल्में देखीं। वो मैटिनी शो में कम लागत में पुरानी ब्लैक एंड व्हॉइट फिल्में देखना। कई क्लासिक फिल्में जैसे 'जागते रहो', 'श्री 420', 'गंगा जमुना', 'मदर इंडिया', 'मुगले आजम' देखीं। वो शम्मी कपूर का बेबाक रोमांस, वो राजकपूर का भोलापन, दिलीप कुमार का संजीदा प्यार। हमें ऐसा लगता था मानों वो हीरो हम ही हैं। देव आनंद की फिल्म देखकर सिनेमा हॉल के बाहर लोग तिरछे कदमों से निकला करते थे। सच बड़े मजे के दिन थे वो!

फिल्मी सफरनामा : 7

'वाह क्या डायलॉग है!'

भारत के लोगों के मानस में कई ऐसे फिल्मी संवाद हैं, जो गहरे पैठे हैं। कई अवसरों पर ये जस-के-तस बोले जाते हैं तो कई बार थोड़े से बदलाव के साथ। कई संवाद वास्तविक जिंदगी से आए हैं, जैसे दुल्हन के पिता का बरातियों के सामने हाथ जोड़कर कहना- 'हमारी इज्जत अब आपके हाथों में है।' इसी को थोड़ा घटाकर या बढ़ाकर हर फिल्म में इस्तेमाल किया गया है। 'इस घर से तेरी डोली जा रही है बेटा, उस घर से तेरी अर्थी उठनी चाहिए', 'बेटियाँ दो घरों की लाज होती हैं' वगैरह-वगैरह।

फिल्मों ने बहुत सारे विषय लिए, कई तरह की सिचुएशन आईं और कई डायलॉग बने। बहुत सारे संवादों ने दर्शकों के मन को ऐसे छुआ कि देश का हर आदमी जाने-अनजाने उसे बोलता पाया गया।

फिल्मों ने कई बार गरीबी का महिमा मंडन किया। अमीर आदमी क्रूर, दुष्ट हुआ करते थे और गरीब खुद्दार, मेहनती और सदाचार से बँधे। यह अच्छे बुरे का डिवीजन लोगों को खूब भाया था। एक रिक्शा खींचने वाला वक्त आने पर ये डायलॉग जरूर मार देता था- 'साहब गरीब जरूर हैं, मगर बेईमान नहीं।'

एक सरकारी अफसर या पुलिस वाला ये जरूर कहेगा- 'सेठ मैं वो नहीं जो पैसे के लिए अपना ईमान बेच दूँ... मेरे जिस्म पर ये वर्दी वतन की हिफाजत के लिए है, तुम जैसे बेईमानों को सलाम ठोकने के लिए नहीं।'

प्यार में दो प्रेमी कई कठिनाइयों का सामना करते थे। अगर हीरो-हीरोइन अमीर, गरीब हों, या अलग-अलग जाति, धर्म के हों तो फिल्म में 'प्यार में

वो ताकत है जो धर्म, पैसा, जात-पात की मजबूत दीवारों को भी तोड़ दे', ये वाला डायलॉग तो रहेगा ही रहेगा। साथ ही साथ ये ऐलान भी 'इन समाज के ठेकेदारों से जाकर कह दो कि सुरेश/ माया/ राकेश/ पुष्पा... को उसकी परवाह नहीं।' मुगल-ए-आजम का ये डायलॉग कोई कैसे भूल सकता है- 'सलीम, तुम हिंदुस्तान के तख्त पर एक रक्कासा को नचाना चाहते हो!', 'और आप अब्बा हुजूर, हिंदुस्तान की होने वाली मालिका को बदनाम कर रहे हैं।'

मतलब यह कि उन संवेदनशील पलों में निकले संवादों पर जनता वारी-वारी हुई थी और इन संवादों का असर भी हुआ। शायद इन फिल्मों के बाद अंतर्जातीय, अंतरधार्मिक विवाह बड़े पैमाने पर हुए। गरीब-अमीर विवाह हुए। अमीरी-गरीबी वाली सिचुएशन में हमेशा गरीबों को अमीरों ने कुछ इस तरह के डायलॉग से नीचा दिखाया है। लड़की का बाप पालतू कुत्ते पर हाथ फेरते हुए जरूर कहेगा- 'जितने रुपये का गोश्त इस घर के कुत्ते एक हफ्ते में खा जाते हैं, उतनी तुम्हारी महीने की तनख्वाह नहीं होगी।' या फिर कुछ ऐसा कि 'बेबी के एक महीने के इत्र पावडर का बिल तुम्हारे घर के राशन से ज्यादा होता है।' और ये तो कई फिल्मों में आ चुका है जब अमीर बाप चेकबुक फेंककर कहता है- 'जितनी रकम तुमने देखी नहीं है मगर सुनी होगी वो भर सकते हो, मगर मेरी बेटी का पीछा छोड़ दो।'

पैसे को महत्त्व दिया गया और साथ-ही-साथ देशभक्ति तो एक ताली मारू विषय हमेशा से है। फौजी का पात्र 'मर जाएँगे मगर सरहद को बचाकर रखेंगे...', 'मेरे वतन ये मिट्टी मुझे खून से सींचनी है', इस प्रकार के डायलॉग बोलते दिखेंगे। कुछ सफेद कोट पहना एक आदमी अगर फ्रेंच कट दाढ़ी रखे है तो समझ जाइए कि वो कोई साइंटिस्ट है। वो दुश्मन देश से अपना सीक्रेट फॉर्मूला बचाकर रखे है और कहता है- 'ये फॉर्मूला देश की अमानत है, मर जाऊँगा मगर इसे तुम लोगों के हवाले नहीं करूँगा।' उसे गोली लगती है, वो भागता है और फॉर्मूला किसी ऐसी जगह छुपाता है कि वो हीरो को मिले।

सिलाई मशीन पर काम करती माँ, उसके बेटे का बीए में फर्स्ट आना और फिर वही डायलॉग- 'माँ, आज से ये काम बंद, मेरी नौकरी पक्की हो गई

है, और अब बस तुम बैठकर हुक्म चलाती रहो।' फिर माँ का ये डायलॉग- 'मेरा हाथ बटाने के लिए एक बहू इस घर में ले आ, कोई तेरे पसंद की हो तो बता दे, नहीं तो मैं ढूँढ़ना शुरू करूँ।'

बहुत-से ऐसे संवाद हैं जो हमारी जनरेशन के जहन में घुस चुके हैं। आजकल इस प्रकार के डायलॉग ज्यादा नहीं आ रहे हैं, मगर बहुत नये किस्म के आ रहे हैं जो ऐसे ही स्टीरियो टाइप हैं। उन पर चर्चा फिर कभी।

फिल्मी सफरनामा : 8

आसान नहीं है हिंदुस्तानी फिल्मों का हीरो बनना!

इतना आसान नहीं है हिंदुस्तानी फिल्मों का हीरो बनना। बेचारा पैदा होते ही इस आतंक के साथ जीता है कि उसे जल्दी ही इन माँ-बाप से अलग होना पड़ेगा। कुछ भी हो सकता है, ट्रेन पटरी से उतर सकती है, जलजला आ सकता है, यूँ ही मेले में गुम हो सकते हैं। अगर ये सब नहीं हुआ तो बाप एक ईमानदार अफसर होगा, जिसे कोई गुंडा बदला लेने के लिए या तो रिश्वत के इल्जाम में फँसाकर जेल भिजवा देगा, जहाँ वह फाँसी के फंदे पर झूल जाएगा या फरार हो जाएगा। त्योहार के दिन हत्या, बुरी तरह से मारा जाना हीरो के पिता का, और ये सब बातें धुँधली तस्वीरों के रूप में हीरो के साथ उस समय तक रहेंगी, जब तक वह उस पुरानी जगह पर नहीं आ जाता। अब हीरो का बचपन तो दुखदायी होगा ही। कहीं बर्तन माँजे जाएँगे, कभी होटल में छोटू काम करेगा। थोड़ा ट्विस्ट आया, तो कोई सज्जन आदमी सहारा देगा। या फिर एक चुराई रोटी, भागता बच्चा जो दौड़ते-दौड़ते बड़ा होगा, राका, राजू या शंकर दादा के रूप में।

अगर सामान्य-सी घटना रही जहाँ माँ बाप दोनों जिंदा हैं, तो बाप एक जबर्दस्त किस्म का आदर्शवादी और सख्त बाप होगा जो हीरो को दौड़ाए रखेगा और आखिरी रील तक दोनों एक-दूसरे के कट्टर दुश्मन बने रहेंगे। कुछ एक आजकल मॉडर्न किस्म के बाप भी आजकल की फिल्मों में हैं जो लड़के के दोस्त से बढ़कर होते हैं, और तमाम किस्म की अय्याशियों को बढ़ावा देते हैं। ऐसे बाप काफी किस्मत से और कम ही हीरो को मिले हैं।

माँ जो होती है, विधवा, बूढ़ी, खाँसी से ग्रस्त, या कैंसर के कगार पर।

कुछ निरुपा राय टाइप की माएँ होती हैं जो अंधी भी होती हैं, जिनके सामने हुए हादसे को देखा तो है मगर कह नहीं पाती हैं, और आखिरी रील तक सस्पेंस बना रहता है, फिर वो हाथों से छूकर या आवाज से विलेन को पहचानती हैं। अगर निरुपा राय अच्छी साड़ी पहने घर का काम करते हँसते-खेलते दिखाई दे, तो अगली रील तक इंतजार करें, वो जरूर बच्चे गुमाएगी, अंधी हो जाएगी आदि-आदि। शायद निरुपा राय ने करीब 50 बच्चे जरूर गुमाए होंगे अपने फिल्मी माँ कैरियर में।

आँख के इलाज के लिए पैसे जुटाना, माँ को सिलाई मशीन से छुटकारा दिलाना, जैसे काम तो बेचारे हीरो के सर पर होते ही हैं, साथ-साथ एक अपाहिज बहन का तड़का भी लगा होता है। अगर बहन ठीक-ठाक है तो उसके शादी की चिंता, और इस बहन के विलेन से बलत्कृत होने की भी संभावना होती है। फिर हीरो को उसके चिता पर कसम भी खानी पड़ती है। अगर छोटा भाई पढ़ाई में ठीक हुआ, तो सारा खर्चा हीरो के सर, ऊपर से भाई से धोका खाना अलग से। ये छोटे भाईनुमा प्राणी, अक्सर या तो गलत रास्ते पर निकल लेते हैं या हीरो गलत रास्ते वाला हुआ तो पुलिस इंस्पेक्टर बनकर उसी शहर में आ जाते हैं।

यार, ये हीरो की जिंदगी बचपन से खराब ही चलती रहती है। खुदा-न-खास्ता, अगर कॉलेज वगैरह गए तो वही एक जोड़ी पैंट शर्ट, पहनना, धोना, दोस्तों द्वारा मजाक उड़ाया जाना, टिफिन बॉक्स में सिर्फ रोटी और प्याज... बड़ी कठिन जिंदगी है यारा। फिर धीरे-धीरे हमारे सर्वगुण संपन्न हीरो, अच्छे से गाते हैं, जो वाद्य यंत्र मिला उसे बढ़िया बजाते हैं, कॉलेज के डिबेट में पहला पुरस्कार जीतते हैं, मुशायरा हुआ तो वो लूट लेते हैं। मतलब ऐसा हर काम करते हैं, जिससे बहुत सारी लड़कियाँ उन पर मरने लगती हैं। पर हाय रे किस्मत, यहाँ जब वो खलनायिका उन्हें तनहाई में सब कुछ सौंपने को तैयार रहती है तब हीरो साहब को डायलॉग राइटर 'प्यार जिस्मों का खिलवाड़ नहीं होता है सुनीता', इस किस्म की लाइनें टिका देते हैं। जिस्मों का खिलवाड़, उम्दा शराब, महँगी घड़ियाँ, गाड़ियाँ वो सब उस नालायक खलनायक के हिस्से में आती हैं। बिचारे हीरो, दूर-दूर से ताकते हुए गाना ही गाते रह जाते हैं।

कभी पुलिस की वर्दी मिली तो रिश्वत खाकर मजे करना तो दूर, फर्ज और वर्दी की इज्जत के नाम पर अंकलनुमा पुलिस कमिश्नर उसे काम में जुटाए रखता है। 'ये वर्दी तुम्हें जज्बाती होने का हक नहीं देती, रिश्तों से कहीं ऊपर कानून होता है', कहकर हीरो की पिसाई होती रहती है। फिर क्लाइमैक्स में, वो जो अंधी या भली पूरी माँ-बहन जो होती हैं, हीरो की जीती बाजी को हार में बदलने का काम भी करती हैं। कितनी जिम्मेदारियाँ, एक्सेस बैगेज, लदा है हीरो के सर पर। ये तो भला हो खलनायिका का जो बिचारी गोली खाकर, हीरो की बाहों में मरने का सपना पूरा करती है, और कॉमेडियन पुलिस लेकर आ जाता है। इतनी जिम्मेदारियों के बावजूद हीरो बेचारा जीत जाता है, मगर आखिरी रील में। बाकी विलेन आदि लोग बाकी की सोलह रीलों में मजा करते हैं।

सचमुच, हिंदुस्तानी फिल्मों का हीरो बनना आसान नहीं है!

फिल्मी सफरनामा : 9

फिल्मी स्टाइल में...

ये एक आम वाक्यांश है, जो यदाकदा अखबारों में छपा हुआ मिलता है। ऐसी कोई भी घटना, जो पाठकों को आश्चर्य से भर दे वो फिल्मी स्टाइल कहलाती है। 'बड़ी चतुराई से लोगों को एक कमरे में बंद कर लुटेरों ने बैंक लूटा, या पुलिस ने फिल्मी स्टाइल में पीछा कर गुंडों को धर दबोचा।' 'बड़ी चतुराई से निपुणता के साथ फिल्मी स्टाइल में अपराध किया।'

ये फिल्मी स्टाइल का मतलब होता था कि ये वाला अपराध उस इलाके के आम अपराधों से अलग था। शब्बीर ने सब्जी वाले को चाकू मारा, ये तो आम-सा अपराध हो गया, मगर यही शब्बीर मियाँ अगर कुछ डायलॉग वगैरह बोलें, या छुरा मारते साथ तेजी से मोटरसाइकल चलाते हुए वहाँ से रवाना हों, तो वो फिल्मी स्टाइल कहलाएगा। कोई भी नये ढंग से बहुत निपुणता से अंजाम दिया अपराध हमेशा कस्बे, छोटे शहरों के अखबारों में, फिल्मी स्टाइल का तमगा हासिल कर लेता है। ये बुरे कामों के लिए ही क्यों इस्तेमाल होता है ? अगर किसी ने बिना दहेज के शादी की तो वो अखबारों में फिल्मी स्टाइल में की गई शादी के रूप में क्यों नहीं छपता है ?

एक आम-सी सोच है कि सभी बुरी घटनाओं का कारण फिल्में ही हैं। कोई मुझे बताए कि सन् 1900 के पहले क्या, चोरी, अपहरण, हत्या, बलात्कार और डकैती आदि नहीं थी ? सदियों से अपराध थे, सिनेमा तो अभी-अभी आया है। मगर इल्जाम तो लग ही गया है। मुझ जैसे फिल्म प्रेमी को ये बात काफी चुभती है। मुझे तो लगता है कि समाज में फैली बुराइयों को खत्म करने में फिल्में सहायक रही हैं। एक अच्छी सोच, अच्छे विचारों को समाज

में जागृत करने का काम भी फिल्में ने किया है।

अगर स्वतंत्रता संग्राम के दिनों को देखें तो फिल्म आनंदमठ का गाना 'वंदे मातरम', उस समय काफी लोगों की जुबान और दिल पर था। कभी दबे-छिपे रूप में कभी मुखर होकर फिल्म वालों ने आजादी की लड़ाई में भाग लिया है। आजादी के बाद भारत के नव निर्माण की थीम पर फिल्में बनीं। आगे का स्वर्णिम भारत कैसा होगा, उसमें हम देशवासियों का योगदान कैसा रहना चाहिए इस बात को दर्शाती फिल्में बनीं। फिर उस काल की ज्वलंत समस्याओं पर भी रौशनी डालती फिल्में बनीं। अछूत कन्या को कौन भूल सकता है, छुआछूत पर प्रहार थी ये फिल्म। किसानों की खुद्दारी पर बनी शानदार फिल्म मदर इंडिया थी।

फिल्में हमेशा आदर्शों को जीतता दिखाती हैं। असत्य पर सत्य की विजय हमेशा से संदेश रहा है, अधिकांश फिल्मों का। प्रेम कहानियों के कारण ऊँच-नीच (हीरो गरीब, हीरोइन अमीर या इसका उल्टा), दहेज प्रथा से इनकार कर शादी, जाति धर्म की दीवालें फाँदकर हीरो-हीरोइन का रोमांस। मतलब ये कि समाज की कुरीतियों का फिल्मों ने जबर्दस्त विरोध किया, उनके विरुद्ध किए जा रहे संघर्ष को ग्लैमराइज किया, उनकी जीत दिखाई।

फिल्मों में खलनायक को मजे करता हुआ दिखाया जाता है, मगर आखिरी रील में उसका अंत सुनिश्चित होता है, या उसे सब धंधे छोड़कर सुधरना ही पड़ता है। हीरो कितना भी रोमांटिक क्यों न दिखाया जाए, मगर वो किसी से शारीरिक संबंध बनाता नहीं दिखता है। गलती से कभी रूप तेरा मस्ताना जैसी कोई सिचुएशन हुई, तो वो शादी करने के लिए प्रतिबद्ध रहता है। हीरो एक खुद्दार प्राणी होता है। अमीर बाप के इस डायलॉग- 'इस चेक पर वो रकम भर लो जो तुमने सोची भी न हो' के जवाब में वो हमेशा कहता है- 'मेरा प्यार अनमोल है और आपकी तमाम दौलत भी उसके आगे कुर्बान है।' जबकि वास्तविक जिंदगी में कई समझौते हम सबने देखे और सुने हैं।

हीरो अगर बचपन से किसी गुंडे द्वारा पाला गया हो तो भी फिल्म के बीच तक वो सुधरना शुरू कर ही देता है। अपराध की दुनिया में भी वो कई सिद्धांतों का पालन करता है। कभी-कभी अगर उसका बचपन नहीं दिखाया गया है

और अगर वो गुंडों के गिरोह में है तो समझ लीजिए वो सीआईडी अफसर है। अगर हीरो ने खाकी वर्दी पहनी है तो देखिए वो उसकी कितनी इज्जत करता है। 'ये वर्दी मेरा ईमान है, ये बिकाऊ नहीं है' से लेकर 'इस वर्दी की कसम, राका तुझे मैं नहीं छोड़ूँगा' नुमा कई संवाद हो सकते हैं।

हीरो रिश्वत नहीं लेता है, चाहे इंजीनियर बने, कलेक्टर बने या पुलिस इंस्पेक्टर। वो हमेशा गरीब और दबे कुचले लोगों के साथ होता है। वो दहेज नहीं लेता है। समाज की तमाम प्रचलित बुराइयों से दूर है। फिर भी फिल्में बदनाम हैं। वाह भाई वाह, तमाम बुराइयाँ समाज में फैली हैं और हमारी फिल्में, उसके पात्र हमेशा सत्यमेव जयते पर टिके हैं, फिर भी फिल्में बदनाम हैं।

संक्षेप में ये कि फिल्में तो कोई बुरा चित्रण नहीं करती हैं, मगर अपराध को हमेशा फिल्मी इस्टाइल में कहकर क्यों छापा जाता है? यह बात समझ में नहीं आती।

फिल्मी सफरनामा : 10

वाह! एक बार फिर...

हमारे समय की फिल्मों में बहुत सारे पात्र और अभिनेता उसी रंग में बार-बार दिखते थे। जगदीश राज को पुलिस इंस्पेक्टर के अलावा और कुछ सोच ही नहीं सकते थे। मास्टर जी, या कोई लोवर डिवीजन क्लर्क, एके हंगल ही होंगे। पुलिस कमिश्नर इफ्तेखार ही होंगे। पुलिस इंस्पेक्टर आखिर के सीन में आकर 'कानून से बड़ा कोई नहीं होता है' या 'हैंड्स अप, कानून के हाथ बहुत लंबे होते हैं' जरूर कहता है।

ऑपरेशन थियेटर से बाहर निकलता डॉक्टर (बामुश्किल जिसे एक सीन मिला है किसी की दया से) ग्लब्स उतारता हुआ कहेगा कि 'अब इन्हें दवा की नहीं दुआ की जरूरत है' या 'हम माँ और बच्चे में से सिर्फ बच्चे को बचा पाए।' हिंदू पुजारी 'भगवान पर भरोसा रखो बेटी, उसके घर देर है पर अंधेर नहीं' जरूर कहेगा। मुसलमान अधेड़ जो किसी की रक्षा करते हुए मर रहा है तब बैकग्राउंड में अजान की आवाजें जरूर आएँगी। ईसाई पादरी बात कर रहा है तब चर्च की घंटियों की आवाज आती रहेगी। 'गॉड ऊपर से सब देखता है वो तुम्हारा प्रेयर जरूर आंसर करेगा।'

इस तरह के बँधे, स्टीरियो टाइप पात्र हम देखते आए हैं और मजा भी आता था। कभी-कभी कुछ शॉक भी लगते थे। एक फिल्म में एके हंगल को थ्री-पीस सूट पहने देख मुझे गश आ गया था। उसी तरह रंजीत के मुँह से 'क्या हुआ बहन' (फिल्म अमर अकबर एंथोनी) सुनकर हँसते-हँसते पागल हो गया था। रणजीत और शबाना कार में लिफ्ट लेकर लोगों को लूटने का काम करते हैं इस फिल्म में।

खैर... ये लिखते-लिखते कई कलाकार आँखों के सामने घूम गए। ये सभी कैरेक्टर आर्टिस्ट कहलाते हैं फिल्म जगत में। शायद ठीक ही है जो बड़े स्टार हैं उनमें कैरेक्टर नाम की बात शायद होती ही नहीं है। ऐसे कई कलाकार हैं जिनके बिना फिल्म का इतिहास पूरा नहीं हो सकता। उनके बारे में लिखने का मन हुआ है।

प्रस्तुत हैं कुछ ऐसे चेहरे जो सिनेमा के सफर में मेरे साथी रहे हैं।

1. एके हंगल :

शायद हंगल साहब सबसे पुराने अभिनेता हैं। बरसों से उन्हें बूढ़ा ही देखा है। एक बार गूगल में 'एके हंगल की फोटो सर पर बालों के साथ' टाइप किया तो गूगल क्रैश हो गया। अक्सर हमने उन्हें मास्टर जी/ इमाम साहब/ माली/ बेचारा लड़की का बाप/ पंडित जी ऐसे ही रोल में देखा है। एक फिल्म में वो विलेन भी बने हैं और एक फिल्म में थ्री-पीस सूट भी पहना है। जो भी रोल किया जमकर किया। दीवार में जब शशि कपूर उनके बेटे को गोली लगने की खबर देने के लिए उनके घर जाते हैं और ये बूढ़ा मास्टर इंस्पेक्टर को कोसने के बजाय कहता है कि 'शायद मेरी दी गई शिक्षा में कोई कमी रह गई थी जो मेरे बेटे ने चोरी का काम किया है।' यह डायलॉग दर्शकों की आँखों में आँसू ले आया था। हंगल साहब के बोले शब्दों में इतनी ईमानदारी थी कि जब शशि कपूर कहते हैं कि 'ऐसी शिक्षा तो किसी शिक्षक के घर से ही मिल सकती है', तो हम सब सिर हिला रहे थे कि हम भी यही सोच रहे हैं। शोले में उनका धीरे से स्वरों को खींचकर बोला डायलॉग 'इतना सन्नाटा क्यों है भाई' आज भी रोंगटे खड़ा कर देता है। 'नमक हराम' फिल्म में वो एक यूनियन लीडर बने हैं, और जब उन पर बाकी के वर्कर इल्जाम लगाते हैं और वो अपने बचाव में सिर्फ ये कहते हैं कि 'मेरी ईमानदारी पर किसी को शक है क्या भाई', तो सब चुप हो जाते हैं। सच उस समय पता लगता है कि शब्दों की ताकत, शब्दों की सच्चाई के मायने क्या होता है। फिल्म में बोला ये डायलॉग उनके व्यक्तिगत जीवन में भी सही था। वामपंथी विचारधारा से जुड़े थे, और उस पर टिके रहे थे। मुंबई के सबसे ताकतवर इंसान बाल ठाकरे से

वैचारिक मतभेदों के कारण उन्हें जीवन के आखिरी दिनों में फिल्मों में काम मिलना बंद हो गया था, और बहुत गरीबी में मरे वो। मगर ये कह गए हम सब से- 'मेरी ईमानदारी पर किसी को शक है क्या भाई!'

2. लीला मिश्रा :

छोटा कद, थोड़ी गोल-मटोल, साड़ी का पल्लू सँभालती ये हँसमुख चाची, मौसी, बुआ हम सबको हमेशा अपनी-सी लगी। घर की कोई चाची बुआ याद आ ही जाती थी जब लीला मिश्रा परदे पर आती थीं। वो हाय राम बोलकर पल्लू खोंस लेना, या पल्लू को दाँतों में दबा लेना, सच, पेट में गोला ले आता है। उस हाय राम पर वारी-वारी जाऊँ। शोले में रिश्ते की बात करती मौसी, अमिताभ जैसे बड़े अभिनेता के सामने कितने सहज लगी थीं। मुझे लगता है मेरी बीवी बुढ़ापे में लीला मिश्रा जैसी लगे तो कितना अच्छा हो। बुढ़ापे में एक कशिश होती है, एक सौंदर्य होता है ये लीला जी को देखने से पता लगता है।

3. जीवन :

जीवन साहब अपने अनुनासिक आवाज के लिए जाने जाते हैं और आज भी प्रोग्राम के होस्ट या स्टैंड अप कॉमेडियन या अभिनेता उनके जैसा बोलकर हास्य का एक तड़का जरूर लगाते हैं। इनके पैंट में हमेशा सस्पेंडर या गैलिस लगा होता था। उस सस्पेंडर के बेल्ट पकड़कर, छोड़कर एक मैनेरिज्म पैदा करते थे। ये एक ऐसे विलेन थे जो अपनी अनुनासिक आवाज में, भौंहें उठाकर, गहन चिंतन कर लाउड थिंकिंग-सा करते हुए संवाद बोलते थे। 'मैंने जानी पर राई-सा भरोसा किया और राई-सा धोका खाया। तुमने जानी पर पहाड़-सा भरोसा किया और इतना बड़ा धोका खाया। जानी खुफिया पुलिस का आदमी है।' मेरे खयाल से 'जानी मेरा नाम' की सफलता में जीवन साहब की एक्टिंग एक बड़ा हिस्सा था। नारद मुनि के अभिनीत पात्रों को कौन भूल सकता है। जीवन साहब आपको परदे पर देखना हमेशा मजेदार रहा।

4. शेख मुख्तार :

ये विशालकाय, हट्टा-कट्टा आदमी अपने बड़े आकार और चेहरे पर चाकू के निशान के बावजूद इतना भोलापन लिए था चेहरे पर कि कभी लगा

नहीं कि इसने किसी फिल्म में विलेन का काम किया होगा। शेख मुख्तार को अक्सर एक सहृदय पठान की भूमिका में देखा जो हीरो की मुसीबतजदा माँ की सहायता करता है। वह दुखी परिवार की मदद करेगा, घर में पनाह देगा और ईद व दीवाली मनाएगा। हीरो उसे बचपन से खान चाचा या खान मामा बुलाएगा। एक भोला चेहरा थे शेख मुख्तार जी का। सादर प्रणाम उन्हें!

5. जयंत :

ये भी शेख मुख्तार जैसे ही थे। हाँ जयंत बेहद खूबसूरत थे। जयंत अक्सर उच्च पदस्थ सी बी आई अधिकारी या कोई बड़े बिजनसमैन का रोल करते थे। खूबसूरत तो थे ही और बड़ी शिद्दत से अभिनय करते थे, पुरानी फिल्मों में हीरो भी थे।

6. शरद सक्सेना :

ये विलेन एक इंजीनियरिंग ग्रेजुएट थे उस जमाने के। इंजीनियरिंग कॉलेज में पढ़ते-पढ़ते ही फिल्मों की ओर उनका झुकाव हुआ, और शायद देव आनंद साहब ने उन्हें ब्रेक दिया। सुगठित बदन और कठोर चेहरे के मालिक थे शरद और इसीलिए खलनायक के रोल के लिए उपयुक्त। कोई ज्यादा रोल नहीं याद आ रहे हैं इस वक्त, मगर काला पत्थर में निभाया उनका कोयले की खान का ग्रामीण गुंडा वाला रोल याद रहेगा। ऐसी जगहों पर जहाँ हर आदमी मौत से रूबरू है वहाँ गुंडों का भी मानवीय पहलू होता है और ये फिल्म के आखिरी रील में शरद ने बखूबी दिखाया था। गुलाम फिल्म में उनकी बॉक्सर की भूमिका काफी प्रभावित कर गई थी। उनके व्यक्तित्व में आकर्षण था और वो सीन को पावरफुल बना देते थे, और कभी अंडर प्ले कर हीरो की भूमिका को उभार देते थे, मिस्टर इंडिया के सीन याद कीजिए।

फिल्मी सफरनामा : 11

कुछ और भी चेहरे हैं जो सिनेमा के सफर में मेरे साथी रहे हैं। मैं इन्हें न सिर्फ पसंद करता रहा हूँ, बल्कि इनकी अदाकारी का कायल भी रहा हूँ।

1. ओमप्रकाश :

एक चेहरा जो स्नेहभाव से भरा है, वही ओमप्रकाश है। उनका गोल-मटोल चेहरा और लहककर संवाद बोलने की अदा एक निराली चीज थी। फिल्म गोपी में वो गाँव का किसान जो दिलीप कुमार का बड़ा भाई है, एक करुणा और प्यार का सागर लगता है। दिलीप कुमार जैसे बड़े अभिनेता के हिस्से से सीन निकाल लाना ओमप्रकाश जी का ही काम था। उन्हें उस भूमिका में देखकर लगता है काश हमारा भी ऐसा बड़ा भाई हो, और अगर हम बड़े भाई हों तो ऐसे हों। दर्शकों में ऐसे भाव पैदा करने में ओमप्रकाश ही समर्थ थे। नमक हलाल में अमिताभ के दद्दू के रोल में उनका अभिनय कलेजा मुँह को ले आता है। रह-रह के फिल्म पड़ोसन के मामाजी का कहना 'भाई हम भी अजीब हैं' चेहरे पर मुस्कान ला देता है। फिल्म 'चुपके-चुपके' के सर्वज्ञानी जीजाजी को जब धर्मेंद्र और अमिताभ लपेटते हैं तो ओमप्रकाश जी हैरत और खीज के भावों का जो संगम ले आए हैं उसने उस रोल को सार्थक कर दिया था। वो 'जंजीर' फिल्म का बूढ़ा बाप एक खाली बोतल को सीने से लगाए, सूनी आँखों में आ एक आस लिए शराब माफिया से लड़ रहा है क्योंकि उसे अपने जवान बेटों की तरह और अन्य लोगों को मरते हुए नहीं देखना है। कुछ एक संवादों ने तो आँखों में आँसू ला दिए थे। बेहद अच्छे इंसान थे वो।

2. रणजीत :

रणजीत एक बेहद खूबसूरत व्यक्ति हैं। तराशा कसरती बदन, आकर्षक चेहरा, और औसतन अभिनय क्षमता, ये थे रणजीत। कई बार वो मुख्य विलेन

भी बने, मगर अक्सर विलेनों के झुंड में से एक थे। बलात्कार उनका मुख्य क्षेत्र था। पता नहीं कितनी हीरोइनों, हीरो की बहनों पर उनकी गाज गिरी। जब भी डाली तूने बुरी नजर ही डाली वाली बात थी रणजीत के साथ। किसी भी जवान कन्या को कुत्सित, कामुक निगाहों से देखना सिर्फ रणजीत के लिए ही संभव था। एक फिल्म याद आती है। अमर अकबर एंथोनी। इस फिल्म के एक शॉट में रणजीत का एक डायलॉग सुनकर हँसी छूट गई थी। रणजीत के दृश्य में एंट्री शॉट का डायलॉग था 'क्या हुआ बहन'। सच हँसते-हँसते पेट दुखने लगा था। रणजीत किसी औरत को बहन कह सकता है ये हमारी सोच के परे था। इस फिल्म में रणजीत और शबाना भाई बहन हैं जो कार में लिफ्ट लेकर कार मालिकों से ब्लैकमेल कर पैसे ऐंठते हैं।

3. तिवारी :

विलेनों की भीड़ में एक और नाम याद आता है। पूरा नाम था भूषण तिवारी। मुझे नहीं लगता है कि मेरे जेनरेशन के लोगों को तिवारी की ज्यादा याद होगी। तिवारी, छह फीट ऊँचे एक अच्छे सुगठित शरीर के मालिक थे। वो टाल, डार्क थे मगर हैंडसम नहीं थे। उनके चेहरे पर साइड लॉक लंबे थे जो चेहरे को और लंबा बनाते थे। उनकी आँखें बड़ी खूबसूरत थीं, मगर कैमरा हमेशा उनके चेहरे पर बने गहरे चाकू के निशान पर ही फोकस रहता था जिसके कारण वो क्रूर दिखते थे। एक कोई फिल्म थी जिसमें तिवारी एक गुंडे बने हैं मगर एक छोटी बच्ची के कारण सुधर जाते हैं। फिल्म के कई दृश्यों में उनकी एक्टिंग आँखों में आँसू ला देती है।

4. अनवर हुसैन :

चेहरे पर मोटे-मोटे साइड लॉक और वो खीजने के भाव, अनवर हुसैन इस बात के लिए याद आते हैं। कई फिल्मों में वो विलेन रहे, जो ज्यादा क्रूर लगने की जगह हँसी पैदा करते थे। हीरो या कॉमेडियन उनको हमेशा बुद्धू बनाते थे। फिर वो मुट्ठी भींचकर ओह कहना। भरे पूरे शरीर के कारण जमींदार वगैरह जैसे रोल अक्सर किए उन्होंने। फिल्म 'गंगा जमुना' का धूर्त जमींदार हमेशा याद रहेगा।

5. कन्हैया लाल :

कन्हैया लाल एक बेहतरीन कलाकार थे। परदे पर उनका आना यानी सीन उनके हिस्से में आ जाना। चाहे उनके सामने दिलीप कुमार हों या संजीव कुमार, बराबरी की टक्कर रहती थी। वो उनकी घिघायाती-सी आवाज मन में वितृष्णा भर देती थी। मदर इंडिया में बोला गया वो 'राधारानी' इतनी जुगुप्सा भर देता था कि, जूता उठाकर मारने का मन करता था। मदर इंडिया का वो कामुक लोभी जमींदार कोई कैसे भूल सकता है? नर्गिस को बराबरी की टक्कर दी थी कन्हैया लाल ने। ये दो लोग याद रह जाते हैं। वहीं अभी हाल की एक फिल्म में वो जमींदार के मुनीम बने थे, फिल्म, हम पाँच में। संजीव कुमार के सामने भी उनका जलवा बकरार था। 'कनेक्सन', ये शब्द इसी फिल्म में उन्होंने दिया था। लालची, कामुक, जमींदार या उसके कारिंदे के रोल तो खूब किए उन्होंने, मगर एक फिल्म में वो बने थे जमींदार के कारिंदे, मगर एक भलेमानस। 'गंगा-जमुना' का वो सहृदय मुनीम भुलाए नहीं भूलता है। थे तो वो जमींदार के नौकर मगर सीधे-सादे दिलीप कुमार की हर संभव मदद करते रहे। जमींदार के गोडाउन लुटवाते समय दिलीप कुमार के दिए निर्देश मुस्कान ला देते हैं। 'अरे ये रस्सी ठीक से बाँधो, नहीं तो ऊ समझ जाएगा, आता जाता कुछ नहीं है, चले हैं डकैती डालने।' उस जमाने के एक बेहद प्रतिभाशाली कलाकार कन्हैया लाल को सादर नमन।

6. रहमान :

अभिजात्य क्या होता है, ये रहमान को देखकर मालूम होता है। अगर कोई कहे पुराने रईस, नवाब कैसे होते थे तो उन्हें रहमान की फिल्में देखनी चाहिए। मध्यम कदकाठी, धारदार नाक और भेदक आँखें। ये थे रहमान। धोती कुर्ता हो, शेरवानी हो या थ्री-पीस सूट, हर परिधान उन्हें जँचता था। अगर उन्होंने पूछा कैसे हो तो अच्छे-अच्छे जवाब देने में हकला जाएँ। कोई चिल्लाना या दंभी संवाद नहीं मगर उनकी परदे पर मौजूदगी लगती थी एक खानदानी आदमी की। ठंडी आवाज में वो गरीब हीरो को उसकी औकात बताते दिखते थे फिल्मों में। 'प्यासा' का वो नफे-नुकसान तौलने वाला पब्लिशर, 'साहब बीवी गुलाम' का वो अय्याश जमींदार, लिस्ट लंबी है। ऐसा रईस देखा नहीं परदे पर। इस जमींदार, नवाब को सलाम!

फिल्मी सफरनामा : 12

अब बात फिल्मों में अक्सर आने वाले कुछ संवादों की, कुछ टाइप कास्ट पात्रों की, कुछ हमेशा की सिचुएशन की।

1. माँ :

माँ पूरे विश्व में एक आदर प्रेम का प्रतीक है। हम जो भी बनते हैं उसमें माँ द्वारा दिए गए संस्कारों का हाथ होता है। प्यार त्याग की प्रतिमूर्ति है माँ। माँ की भूमिकाएँ निभाने वालों में प्रमुखता से कुछ नाम हैं, निरुपा राय, कामिनी कौशल, दुर्गा खोटे, अचला सचदेव। वैसे करीब-करीब सभी हीरोइनों ने माँ का काम किया है। इस पुरुष प्रधान हिंदी सिनेमा में नायक बूढ़ा नहीं होता है, मगर हीरोइनें जरूर फिल्मों से जल्दी बाहर होती हैं। कई उदाहरण हैं जहाँ हीरोइनों ने एक जमाने में जिस हीरो से रोमांस किया उसी की माँ का भी रोल किया। माँ के रोल के साथ कुछ अनिवार्य बातें जुड़ी होती है, सिलाई मशीन, खाँसी, जो बाद में एक बड़ी बीमारी में बदलती है, लापता पति, एक जवान बेटी जिसके हाथ पीले करना है, (थोड़ा करुणा रस बढ़ाने के लिए ये लड़की गूँगी, बहरी या पोलियोग्रस्त भी हो सकती है)। ये सभी बातें हों तो एक बढ़िया फिल्मी माँ बनती है। बेतहाशा प्यार लुटाती ये माँ अपने बच्चों को खीर या गाजर का हलवा खिलाती रहती है। बेटे के हर गुनाह माफ। मेरा बेटा कहता है कि ये फिल्मी लोग आम जिंदगी की माँ क्यों नहीं दिखाते हैं जो पढ़ने के लिए तूफान खड़ा करती रहती हैं- 'पढ़ लो राजकुमार, घर पे पैसों का पेड़ नहीं लगा है', 'आ गए नाम रौशन करके बेटू जी जल्दी-जल्दी खाना क्यों ठूँस रहे हो, क्रिकेट भागा नहीं जा रहा है।' रियल लाइफ माँ के आस-पास शायद अग्निपथ की माँ, रोहणी हट्टंगिडी थी, जो बेटे विजय को हड़काए रखती थी। 'खाना खाने से पहले हाथ धो ले।' और इस डायलॉग के बाद बेचारा और कई

डायलॉग सुनता है जो उसके कुकर्मों का बखान करते हैं, और खाना नसीब नहीं होता है। सुपर माँ निरुपा राय फिल्मों की एक लापरवाह माँ साबित हुई हैं। करीब-करीब हर दूसरी फिल्म में उन्होंने बच्चे गुमाए हैं। खैर अगर वो ऐसा नहीं करतीं तो फिल्म आगे कैसे बढ़ती। माओं का एक काम और होता था, विलेन द्वारा कैद किया जाना। उनके इस एक एक्ट से हीरो की मुश्किलें दोगुनी हो जाया करती थीं, लेकिन फिर इसी माँ के दूध और आशीर्वाद की वजह से बढ़े हुए जोश के साथ हीरो सबकी पिटाई भी कर देता था।

2. पार्टी में खड़े लोग :

पुरानी कई फिल्मों में पार्टी सीन में एक पियानो जरूर होता था। स्टूल पर बैठ हीरो गाना गाता था और हीरोइन या प्रतिस्पर्धी हीरोइन या वैम्प दूसरी ओर खड़ी होकर गाना सुनती थी। पार्टी में कई लोग दिखते थे, इनमें से कई चेहरे हर फिल्म की पार्टी में दिखते थे। उनमें से एक तीखी नाक वाला गोरा बूढ़ा था, एक बड़ी तोंद वाला आदमी था, एक उल्टे पल्ले की साड़ी पहने पारसी महिला, एक-दो चेहरे पर खतरनाक निशान वाले भीमकाय लोग। ये लोग हाथ में एक ग्लास पकड़े, हर बात पर सर हिलाते थे। पता नहीं उन ग्लास में शराब होती थी या शरबत या सिर्फ रंगीन पानी। स्टूडियो के बाहर एक्स्ट्रा की लाइन में अपना एक मात्र सूट पहने आदमी, 250 रुपये के लिए पार्टी में खड़ा होता था। उसका परिचय शहर के मशहूर इंडस्ट्रियलिस्ट या कॉटन किंग कहकर दिया जाता था। एक पुलिस कमिश्नर होता था, जिसने शायद पुलिस स्टेशन भी ना देखा हो। 'इनसे मिलो शहर के आयरन किंग, सेठ रौशन लाल, कपड़े के बड़े व्यापारी, आप हैं पुलिस कमिश्नर। आप हैं डॉक्टर दारूवाला, दिल की बीमारी बड़े डॉक्टर।' ये सभी चेहरे जिन्हें हम एक्स्ट्रा कहते हैं, परदे पर कितने भी बड़े आदमी के रोल में दिखें हो, गरीबी और मुफलिसी के शिकार थे। इस फिल्मी दुनिया में एक्स्ट्रा के शोषण की एक अलग कहानी हैं। हमारा फेवरेट पास टाइम था इन चेहरों को पहचानना कि पिछली फिल्म में ये था या नहीं।

3. विलेन के चमचे :

ये सभी चमचे अक्सर कटे-फटे चेहरे, कद्दावर, कसरती बदन वाले आदमी हुआ करते थे। कोई शारीरिक दोष, अंट-संट से बाल या कपड़े। इन

लोगों के हिस्से में ना के बराबर संवाद आते थे। ज्यादा-से-ज्यादा 'बहुत बोल रहा है, कहें तो टपका दूँ', 'बॉस विजय ने धोका दिया है', 'चुपचाप हमारे साथ चलो... हा हा हा...' ये डायलॉग भी चाकू के निशान पर उँगलियाँ फिराते हुए या चेहरे की दाढ़ी को सहलाते हुए कहे जाते थे। पुराने जमाने के मुख्य विलेन नयी फिल्मों में एक चमचे के रूप में भी मिल सकते हैं, बहुत सारे प्रमोशन, डिमोशन होते थे इस गैंग में। इन सभी की अकड़ विलेन से कम नहीं होती थी। शरद सक्सेना, रणजीत, तिवारी, अनवर हुसैन, कन्हैया लाल आदि मुख्य से साइड लाइन का सफर तय करते रहे।

4. लिली/ मोना/ सोनिया :

इस नाम की एंग्लो इंडियन लड़कियाँ, रंग-बिरंगे विग पहने, शराब का हाथ ग्लास में, उँगलियों में सिगरेट होल्डर फँसाए विलेन के आस-पास मँडराती रहती थीं। कपड़ों की कमी एक आवश्यक योग्यता हुआ करती थी। एक मासूम लड़की भी इनके अंदर रहती थी जो हीरो से प्रेम करती थी, और आखिरी रील में हीरो की बाहों में विलेन की पिस्टल की गोली खाकर दम तोड़ देती थीं।

फिल्मी सफरनामा : 13

अब आते हैं कुछ ऐसे संवादों पर जो अगर ना आएँ तो फिल्म कैसी!

1. तुम्हारी आखों में आँसू :

ये हिंदी फिल्मों का एक आवश्यक और अनिवार्य संवाद है। इसका प्रति-उत्तर भी वही है जो हर माँ अपने बेटे से कहती है- 'ये खुशी के आँसू हैं बेटा', और इसके बाद एक ट्विस्ट जरूर आएगा। अगर माँ नहीं तो कोई रामू काका या खान चाचा जरूर कहेंगे- 'कुछ नहीं पुरानी बातें याद आ गईं, बेटा।' फिर इस बदला छाप फिल्म में एक फ्लैशबैक शुरू हो जाएगा- 'कई साल पहले की बात है।' 'कभी-कभी सोचता हूँ, माँ तुम्हारी आँखों में आँसू?' आँसू ये शब्द क्यों भाई? क्या आँखों में दूध भी आता है क्या? अरे भाई माफी दो, आँसू को हिंदी फिल्मों से कैसे अलग करेंगे। इन्होंने तो कई-कई हिट फिल्में दी हैं।

2. सुरेश मैं तुम्हारे लायक नहीं रही :

मेरे खयाल से हिंदी फिल्मों का ये सबसे ज्यादा नकारात्मक प्रभाव पैदा करने वाला संवाद है। ये संवाद किसी हीरोइन या हीरो की बहन ने बोला है और फिर उसके बाद खुदकशी की है। मैंने हमेशा से इस बात की वकालत की है कि फिल्मों ने समाज पर अच्छा प्रभाव डाला है। छुआछूत को दूर किया है हिंदी सिनेमा ने, देशभक्ति जगाई है, खुद्दारी सिखाई है, अन्याय से लड़ना सिखाया है। दहेज प्रथा के खिलाफ रही हैं फिल्में, विधवा विवाह, अंतर्जातीय संबंध, क्या नहीं सिखाया है फिल्मों ने। मगर बलात्कार पीड़िता की खुदकशी का रास्ता भी फिल्मों की देन है। कुँवारेपन और पवित्रता, अपवित्रता का महिमामंडन गलत हुआ फिल्मों में। वैसे आजकल यह ट्रेंड बदल रहा है।

3. माँ, मैं बी ए पास हो गया :

हीरो घर में घुसते हुए ये संवाद बोलेगा। बड़ा विचित्र लगा करता था।

उस जमाने के अधिकांश हीरो 35 के ऊपर के थे और उनका घर में घुसकर माँ से ये कहना कि मैं बीए पास हो गया कहना बुरा लगता था। इसके तुरंत बाद, अगर हीरो गरीब घर का हुआ तो माँ का ये कहना होता था- 'अब तो मैं आराम से बैठकर राज करूँगी और इस घर के लिए एक प्यारी-सी बहु लेकर आऊँगी।' अगर ये संवाद हीरो ने अपने अमीर बाप से बोला तो वो कहता था- 'कल से आवारागर्दी बंद और तुम मेरे बिजनेस में मेरा हाथ बटाओगे।'

4. यह है हमारी बेबी का वार्ड रोब, ये देखो बेबी के कपड़े और गहने:

हीरोइन का अमीर बाप नायक से ये कहता था और फिर अगला सवाल होता था- 'तुम्हारी तनख्वाह कितनी है...' बेचारा नायक नायिका के द्वारा घर पर चाय पीने के लिए बुलाया गया है, बाप ने चाय लाने के बहाने बेटी को हटा दिया है, और ये अपमानित करने का सत्र शुरू है। इसके बाद एक ब्लैंक चेक या नोटों से भरा ब्रीफकेस सामने फेंका जाता था। लड़का जाहिरा तौर पर ये कहता था कि सर हम गरीबों की खुद्दारी से मत खेलिए। आपकी बेटी को दो वक्त की रोटी और सर पर छत और ढेर सारा प्यार दे सकता हूँ जो उसे यहाँ नसीब नहीं है। फिर ढेर सारी तालियाँ। हम लोग सोचा करते थे अगर हमें ऐसा कुछ ऑफर मिला तो ब्रीफकेस लेकर खिसक लेंगे, हीरोइन तो कहीं गई नहीं, वो तो आ ही जाएगी।

अब चलते हैं कुछ ऐसे सिचुएशन, कुछ हमेशा आने वाले जगहों और गैजेट्स पर।

1. रेलवे क्रॉसिंग :

रेलवे क्रॉसिंग, हीरो के फरार होने में एक अत्यंत सहायक चीज है। हीरो की गाड़ी या पैदल भागता हीरो रेल लाइन पार करता है, और उसके तुरंत बाद गेट बंद हो जाता है। पटरी के दूसरी ओर हाथ मलती पुलिस या गुंडों की फौज से सीन खत्म होता था। अब ये रोमांटिक सीन मुश्किल से देखने मिलता है जब से रेल पर फ्लाई ओवर बन गए हैं।

2. लोहे के सींखचों वाला पिंजरा :

ये पिंजरा हर विलेन के अड्डे पर हुआ ही करता था। विलेन के एक बटन

दबाने की देर और हीरो पिंजरे में कैद। विलेन कितना होशियार और दूरंदेश है ये बात पिंजरा दर्शाता है। अड्डे पर हीरो आएगा तो उसे कैद करने का पुख्ता इंतजाम विलेन ने अड्डा बनाते समय ही कर दिया है। अब ये विलेन की खूबी है कि वो हीरो को कैसे उस 2 बाय 2 फीट की जगह में खड़ा करवाएगा उस बड़े से हाल में। आज तक मैंने पिंजरा हीरो को छोड़ खाली जगह गिरते नहीं देखा है। विलेन साहब को तो प्लानिंग कमीशन में होना चाहिए।

3. खिसकने वाला तख्ता :

ये कुछ पिंजरे की तरह का ही इंतजाम होता था। इसमें भी विलेन महाशय की बुद्धि और चातुर्य होता था कि वो हीरो को कैसे उस 2 बाय 2 फीट की जगह में खड़ा करवाएगा।

4. एचपी कंपनी का पेट्रोल पंप :

अगर कोई सीन पेट्रोल पंप पर होना है या किसी पेट्रोल पंप पर गोली वगैरह चलकर आग लगनी है तो हमेशा एचपीसीएल कंपनी का ही होता था। मैं एचपी में काम करता था इसलिए ये नोटिस किया है मगर ये कथन एकदम सत्य है। अभी हाल के फिल्मों में आईओसी के पंप पर गाना वगैरह शूट हुआ है, मगर कोई ब्लास्ट या फायर दिखाना है तो एचपीसीएल का ही पंप चाहिए।

5. संधु ट्रांसपोर्ट :

पुरानी पिक्चर में कोई स्मगलिंग होनी है, या कोई हीरो, हीरोइन लिफ्ट लेते हैं तो वो ट्रक संधु ट्रांसपोर्ट का ही होता था। 90 प्रतिशत फिल्मों में ये ट्रांसपोर्ट कंपनी का ही नाम मिलेगा।

फिल्में मेरी नजर से

आनंद

फिल्म थी या पाठशाला- 1

बहुत कुछ सिखा गई ये फिल्म। वो दिन ही कुछ ऐसे थे जब जिंदगी ने सबक देने शुरू कर दिए थे। आनंद फिल्म जैसा गुरु मिला तो अचानक लगने लगा अरे 'मेरा गम तो कुछ भी नहीं'। दुखांत फिल्में, जीवन संघर्ष वाली कई फिल्में आईं उस समय, मगर पता नहीं क्यों ये एक ऐसी फिल्म रही जिसने करीब-करीब सभी को छुआ था। सिनेमा हॉल में चुपके से अच्छे-अच्छे खाँ लोगों ने अपनी पनियाली आँखें पोंछी थीं। आज भी टीवी पर कभी इस फिल्म को देखते हुए आँखें डबडबा आती हैं।

'जब तक जिंदा हूँ, तब तक मरा नहीं, जब मर गया तो साला मैं ही नहीं।'

गुलजार साहब का ये संवाद आज भी नये-नये अर्थ दे जाता है। धर्मगुरुओं के आत्मा, परमात्मा, नश्वर देह आदि के प्रवचनों का निचोड़ है ये संवाद। हमारा अस्तित्व आखिर है क्या? जब तक मरा नहीं तब तक, बाद में तो मैं रहा ही नहीं। 'मैं का ना हो जाना' शायद उस उम्र, करीब 15 या 16 साल, में एक फिल्म ने सिखा दिया और शायद उसके ही कारण अहं (मैं, मैं) की बीमारी से दूर ही रहा।

इस फिल्म में क्या अच्छा था के जगह शायद क्या अच्छा नहीं था ये कहें तो ज्यादा मुनासिब है। क्या अच्छा नहीं इसमें शायद ही एक आध नुक्स निकल आए, मगर अच्छा तो हर पल था। चाहे वो एक छोटा-सा सीन जब गाने 'मैंने तेरे लिए ही साथ रंग के सपने चुने' के बीच में रघु काका का आना और खिचड़ी की प्लेट उठाना और राजेश खन्ना का पियानो पर से उठकर

उस प्लेट को झूठे गुस्से से खींचना हो, या डॉक्टर कुलकर्णी के क्लीनिक में सीढ़ियों पर से गुजरते हुए मोटे तोंदियल को धीरे से आनंद द्वारा 'ए मोटा' कहा जाना हो, सभी के चेहरे पर मुस्कान ला देता है। छोटी-छोटी बातों से कैसे हास्य, व्यंग, विनोद पैदा किया जा सकता है, और एडिटिंग से उसे कैसे दिलचस्प बनाया जा सकता था, इसमें ऋषिकेश दादा का जवाब नहीं। कहते हैं कि कुछ भी शूट करो, कैसे भी करो और ऋषी दा को दे दो, दादा अपने एडिटिंग से उस फिल्म में जान डाल देते थे। ऋषिकेश मुखर्जी एक बेहतरीन निर्देशक थे और एडिटिंग में तो उन्हें पितामह का दर्जा था। ऋषी दा ने आनंद की कहानी लिखी थी, और गुलजार ने स्क्रीनप्ले में सहयोग दिया था ऋषी दा को। हाँ संवाद पूर्णतः गुलजार साहब के थे। सुनते हैं पहले ऋषी दा यह फिल्म राजकपूर को लेकर बनाना चाहते थे क्योंकि राजकपूर ही ऋषी दा को बाबू मोशाय कहकर बुलाया करते थे। आखिरकार ऋषी दा ने उस समय के सुपर स्टार राजेश खन्ना को लेकर यह फिल्म बनाई थी। ऋषी दा के सेट पर कोई सुपर स्टार होता था तो वो खुद ऋषी दा ही हुआ करते थे। शायद इसीलिए सभी कलाकार अपनी पूरी प्रतिभा ऋषी दा की फिल्मों में दिखा पाते थे। उस जमाने के सुपर स्टार को आखिरी सीन में मरते दिखाना शायद बड़ा कमर्शियल रिस्क था मगर फिल्म ने कमाई के रिकॉर्ड तोड़ डाले थे।

फिल्म की शुरुआत होती है, फिल्म समर्पित की जाती है मुंबई शहर और राजकपूर को। राजकपूर तो ऋषी दा की पहली पसंद थे इसका जिक्र तो किया ही है, मगर मुंबई, उस वक्त का बॉम्बे, कई फिल्म कलाकारों का पसंदीदा शहर रहा है। ये कहानी मुंबई की पृष्ठभूमि में ही बन सकती थी, क्योंकि अनेक विविधताओं वाला यह शहर अपने-आप में एक बड़ा-सा दिल है जहाँ हर तरह के लोग समाए हुए हैं, यहाँ अलग-अलग तरह के लोग मजे से रहते हैं, तरक्की करते हैं। शुरुआत साहित्यकारों के सम्मेलन से होती है जहाँ धीर-गंभीर डॉक्टर भास्कर बैनर्जी अपने पुरस्कृत उपन्यास के बारे में बोल रहे हैं। आनंद को दोस्तों का शौक था, मानों दोस्त ही उसकी दुनिया थे। उसके दोस्तों की संख्या बढ़े इसलिए ये उपन्यास लिखा है। जो इसे पढ़ेंगे वो जरूर आनंद के दोस्त बन जाएँगे।

अपनी डॉक्टरी की दुनिया की उलझनों खासकर गरीब मरीजों के लिए कुछ ना कर पाने की मजबूरियों के बीच एक दृश्य में जब डॉक्टर भास्कर एक झोपड़पट्टी में मरते हुए मरीज को छोड़कर लौट रहा है तब एक औरत उसे पोता होने की खुशी में मिठाई का एक टुकड़ा देती है। 'एक मरा नहीं वहीं दूसरे के मरने की तैयारी शुरू हो गई', जब ये संवाद पार्श्वभूमि में चलता है तो रोंगटे खड़े हो जाते हैं। कई ऐसे एक लाइनर मन को उद्वेलित कर जाते हैं।

अब फिल्म के कुछ और बातों पर आते हैं। पहले उन छोटे सह-कलाकारों से शुरुआत करें जो एक छोटे से रोल में भी आज तक भूले नहीं जा सके हैं।

असित सेन : ये मोटे से कलाकार अपनी पतली-सी और धीमे-धीमे लहक-लहककर बोले जाने वाले संवादों के कारण हर फिल्म में दर्शकों के चेहरे की मुस्कान का कारण बनते हैं। आनंद में इन्होंने सेठ चंद्रनाथ का किरदार किया है, जिसे बीमार रहने का शौक है।

'एक... नयी... कांप्लीकेशन... शुरू... हो... गई... है, शिफ्टिंग...पेन...' पाँच सेकंड का संवाद दो मिनट में बोलना बस मजा ले आता है। आज भी हम लोग जब बीमारी या डॉक्टर आदि की बातें करते हैं तो यह संवाद असित दा जैसा बोलते हैं। यह पात्र जब डॉक्टर कुलकर्णी के क्लीनिक में उनका इंतजार करता रहता है तब आनंद उसे टोपी पहनाता है, एक काल्पनिक मुरारीलाल के नाम से उससे मजाक करके। मुरारीलाल एक काल्पनिक पात्र है जो आनंद ने गढ़ा है, जिसके जरिए वो हर आदमी से बात कर लेता है और उसे दोस्त बना लेता है। काश हम भी हर अजनबी को मुरारीलाल समझें तो बात करने के दोस्ती के नये रास्ते बन जाएँ, मगर हमारा अहं ऐसा करने नहीं देता है। दो बार ही परदे पर दिखे आसित सेन जी मगर दोनों बार चेहरे पर मुस्कान ला गए।

देव किशन : रघु काका का पात्र निभाने वाले ये सह कलाकार हर फिल्म में ऐसे ही छोटे-मोटे नौकरनुमा रोल करते रहे हैं। चेहरे पर विनम्रता और सहज संवाद अदायगी से ये बुजुर्ग घर के वफादार सेवक लगे हैं, जिनके मन में सिर्फ एक आस बाकी है कि उनके मुन्ना उर्फ डॉक्टर भास्कर बैनर्जी का ब्याह हो जाए। आनंद के साथ के एक दो हल्के-फुल्के क्षणों में मजा ला देते हैं।

हो सकता है 80 या 90 के बाद की पैदाइश वालों ने यह फिल्म नहीं देखी हो। नेट पर आसानी उपलब्ध है, जरूर देखें। दुख, उदासी भी मनोरंजन और सीख हो सकती है, यही बात फिल्म आनंद आपको सिखाएगी।

फिल्म थी या पाठशाला- 2

आनंद के कुछ और बेहतरीन किरदारों की बात करते हैं।

मिसिज डीसा : मिसिज डीसा, ये नाम ऋषिकेश मुखर्जी साहब की एक फिल्म अनाड़ी के एक पात्र का था। इस फिल्म में एक सहृदय क्रिश्चन लेडी जो राजकपूर की मकान मालकिन है, उनका नाम था मिसिज डीसा और इसे ललिता पवार ने निभाया था। ममता से भरी इस नारी का पात्र हिंदी सिनेमा के इतिहास में अमर है। यही नाम आनंद में एक कड़क स्वभाव की हेड नर्स को दिया गया है। ये कड़क नर्स नारियल-सी है, ऊपर से सख्त मगर दिल नारियल की गरी-सा कोमल और मीठा। ललिता पावर शुरुआत में हीरोइन के रोल किया करती थीं मगर एक दुर्घटना में उनकी दाईं आँख विकृत हो गई। उस दुर्घटना के बाद वो खलनायिका, विशेषकर क्रूर सास के रोल में आने लगीं और इस एक आँख से वो ऐसा समा बाँधती थीं कि अपने जमाने की एक मशहूर क्रूर सास, या ननंद या चाची का मतलब ही ललिता पवार हो गया था। इसी एक आँख से ना जाने कैसी ममता उन्होंने फिल्म अनाड़ी में मिसिज डीसा के रोल में दिखाई थी कि इस किरदार को उन्होंने अमर कर दिया। इसी तरह की थी श्री चार सौ बीस की वो गंगा माँ। हाँ मगर इस सख्त मेट्रन को आनंद अपनी बातों में ऐसा उलझाता है कि वो सिस्टर से उसकी मदर बन जाती है। आनंद के आखिरी क्षणों में मिसिज डीसा अपने जीसस से प्रार्थना करके आनंद की जान की भीख माँगती है, मगर... कई खट्टे-मीठे पल, कई संवाद आँखों में आँसू के साथ-साथ मुस्कान भी ले आते हैं। जब मिसिज डीसा आनंद से कहती हैं कि वो जीसस से आनंद के प्रार्थना करके आईं हैं, तो आनंद उनसे कहता है कि अरे मदर ये क्या कर दिया, मैं तो शंकर जी का भक्त हूँ, वो तो बड़े गुस्से वाले हैं, जीसस से उनका झगड़ा हो सकता है, ये तो बड़ी गड़बड़ हो गई। इसके जवाब में सिर्फ माँ की मुस्कान मिलती

है। दर्शक भी इस भोलेपन पर मुस्कुरा देते हैं। इस संवाद ने उस समय ना तो किसी धार्मिक भावना को ठेस पहुँचाई थी न कोई कंट्रोवर्सी पैदा हुई थी। बस एक बचपना था उस बीमारी के तनाव के दूर करने के लिए। आज तो किसी भी बात पर बवाल खड़ा हो जाता है। तो ये थीं मदर डीसा, आनंद वाली, जो आज भी याद आती हैं।

मिसिज सान्याल : ये पात्र ललिता ने निभाया है। ललिताजी ने अक्सर थोड़ी-सी बौड़म, ऊँची सोसायटी की गॉसिप करने वाली, पार्टी में एक अनिवार्य चेहरे के रूप में विद्यमान रहने वाली महिला, इस तरह की छोटी-छोटी भूमिकाओं से हमारा मनोरंजन किया है। इस फिल्म में वो एक बीमारी का शौक पालने वाली बड़े घर की महिला बनीं हैं। डॉक्टर कुलकर्णी को उनके पार्टी की और ब्लाउज के तंग हो जाने जैसी बातें सुननी पड़ती हैं, मगर वो कोई भी फीस हँसी-खुशी देती हैं और इसीलिए डॉक्टर कुलकर्णी के क्लीनिक की रेगुलर मरीज भी हैं।

मिसिज एंड मिस्टर डॉक्टर कुलकर्णी : दोनों कलाकारों का जिक्र एक साथ क्योंकि ये जोड़ी कभी अलग लगी नहीं। वास्तविक जीवन के पति-पत्नी, रमेश और सीमा देव ने कई फिल्मों में पति-पत्नी के किरदार निभाए हैं। ये सुंदर-सा जोड़ा अपनी आत्मीयता से भरी मुस्कान से ही लोगों के दिल जीत लेता था। इस फिल्म में डॉक्टर कुलकर्णी वो किरदार है जो शायद डाक्टरों का रॉबिनहुड है। फिल्म के शुरुआती शॉट में ही उनके सामने मिसिज सान्याल बैठी हैं, बगल के सोफे पर डॉक्टर भास्कर बैठे हैं और संवाद कुछ इस तरह के हैं- 'देखिए मिसिज सान्याल, ये सफेद और हरी कैप्सूल सुबह एक साथ खाइए, फिर थोड़ी देर बाद ये पिंक वाली गोली, हाँ वो लाल वाला कैप्सूल भूलिएगा नहीं... इसके बाद वो जो...' मिसिज सान्याल गदगद हैं कि डॉक्टर कितनी सारी दवाएँ दे रहे हैं और समझा रहे हैं। जाते-जाते एक बड़ी रकम का चेक देकर जाती हैं। डॉक्टर भास्कर जब पूछता है कि प्रकाश क्या ये सब तू ठीक कर रहा है? तब डॉक्टर कुलकर्णी कहते हैं- 'अरे हाँ भास्कर, तूने जो आज वो नौजवान भेजा था ना मेरे पास एक्स-रे के लिए, जानता है उसकी रिपोर्ट क्या है? उसके फेफड़े में एक पैच है, मैंने उससे कह दिया है कि

वो कल से रोज सुबह महीने भर आकर इंजेक्शन लगवा जाया करे। तू क्या सोचता है वो इन इंजेक्शन का खर्च उठा सकता है? मिसिज सान्याल, और सेठ चंद्रनाथ जैसे लोगों से मैं ये इलाज करवाता हूँ।' सुनकर डॉक्टर भास्कर भी स्तब्ध रह जाते हैं और सहमति में सर हिलाते हैं। हम आप भी इस डॉक्टर प्रकाश कुलकर्णी के फैन हो जाते हैं। वहीं मिसिज सीमा एक बेहद भावुक, सहृदय महिला हैं जिन्हें आनंद में अपना भाई नजर आता है। इस आनंद को अपने गुरु के पास भी ले जाती हैं वो, किसी चमत्कार की उम्मीद में। वो भी एक किस्सा था फिल्म में जहाँ निरंतर बक-बक करने वाला आनंद एक मौनी बाबा के सामने है जिन्होंने कई सालों से बात ही नहीं की है। आनंद उनसे जो आशीर्वाद माँगता है उसे सुनकर भी आँखें भर आती हैं- 'बाबा जी मैं बोलता ही रहूँ, खूब बोलता रहूँ, हाँ मगर कभी ऐसा ना बोलूँ जिससे किसी का दिल दुखे।'

एक आदमी जिसे मौत दिख रही है फिर भी जिंदादिली से वो चहक रहा है और सिर्फ मीठा बोलने का आशीर्वाद माँग रहा है, सच फिल्म आनंद एक दर्शन ही है। ऐसे कई लोगों से मैं मिल चुका हूँ जिन्होंने कैंसर से डटकर लड़ाई की है, उससे जंग जीती है, और आज अपना जीवन व्यतीत कर रहे हैं, पूरी शिद्दत, पूरे जोश के साथ।

हमारी प्यारी जनक दीदी को सादर प्रणाम!

फिल्म थी या पाठशाला- 3

आनंद के बारे में लिखने के बाद अचानक कुछ ऐसी उदासी या आलस्य छाया कि आनंद दूर-सा हो गया। लेकिन फिर लिखना शुरू किया अपनी फेवरेट फिल्म के कुछ और पहलुओं पर। आनंद के कुछ और भी बेहतरीन किरदार हैं।

ईसा भाई सूरतवाला : ये किरदार शुरुआत में तो आनंद को पटखनी-सी दे देता है उसी के मुरारीलाल वाले खेल में। आनंद की हार उसे ईसा भाई को गुरु मनाने पर मजबूर कर देती है। जब आनंद उसे पहली बार मुरारीलाल कहता है तो अन्य लोगों की तरह ईसा भाई भौंचक्का ना होकर आनंद को जयचंद

कहकर उस काल्पनिक घटनाक्रम (भूल गए बच्चू? कुतुबमिनार पर दो बियर पिलाकर आउट कर दिया था।) को आगे बढ़ते हुए आउट होने के लिए दो बियर नहीं मगर तीसरे पेग को दोष देते हैं और अपने शर्त लगाने की आदत का परिचय दर्शकों से कराते हैं। इस चुलबुले टक्कर देते पात्र को मशहूर हास्य अभिनेता जानी वॉकर साहब ने जीवंत कर दिया था। उनकी नाटक मंडली के कई प्रसंगों में चुलबुलाहट है वहीं इस नाटक मंडली का एक संवाद 'हम सब इस रंगमंच की कठपुतलियाँ हैं जिसकी डोर ऊपर वाले के हाथ है' इस फिल्म की पहचान बन गया था। ईसा भाई जब रघु काका को कैंसर की दवा लेने के लिए जाते हुए देखते हैं और कहते हैं कि कैंसर लाइलाज है, कोई इससे बच नहीं सकता है, लगी शर्त। और हाँ याद रखो रघु काका, मैं कभी शर्त हारा नहीं। इस शर्त को लगाने के बाद जब उनका सामना इस समाचार से होता है कि उनका चेला कैंसर की लास्ट स्टेज पर है, तो उन पर बिजली-सी गिर पड़ती है। कमरे में घुसते हुए ईसा भाई फिर चुलबुले आदमी वाला लबादा ओढ़कर आनंद से मिलते हैं। इस सीन में दो महान कलाकारों ने जान ही डाल दी है। संवाद भी बेमिसाल हैं। नाटक कंपनी की दोस्ती कुछ इस तरह के संवाद पैदा करती है।

ईसा भाई- "वाह बेटा, हमसे पहले ही एक्जिट ले रहे हो, तालियाँ तो तुम बटोर ले गए, हमारे लिए क्या हॉल की खाली कुर्सियाँ बजेंगी?"

आनंद- "क्या करूँ गुरुदेव, मेरे तो डायलॉग ही खत्म हो गए।"

ये सुनकर आँसू रोकना मुश्किल हो जाता था दर्शकों के लिए। आज भी आनंद के कुछ सीन ऐसे हैं जहाँ आँखें डबडबा जाती हैं। बाहर निकलकर ईसा भाई पछताते हुए कहते हैं- "भगवान करे ये शर्त रघु काका जीत जाएँ।" वाह क्या काम किया था जानी वाकर साहब ने। अद्वितीय।

डॉक्टर भास्कर बैनर्जी उर्फ बाबू मोशाय : भारतीय फिल्म इंडस्ट्री के हीरो, सह अभिनेता, साइड रोल, विलेन आदि के कॉन्सेप्ट को आनंद ने नकार दिया था। इस फिल्म का मुख्य हीरो राजेश खन्ना थे या अमिताभ, इस बात पर डिबेट की जा सकती है। एक आदर्शवादी डॉक्टर जो इस सिस्टम में अपने को अकेला पाता है और इसलिए सबसे कटा हुआ चुपचाप अपना काम किए जा

रहा है और उसकी जिंदगी में अचानक एक दोस्त का दोस्त आ टपकता है। ये नया मेहमान बिलकुल उल्टा है उसके अपने स्वभाव से। मगर ना जाने कब डॉक्टर भास्कर के दिल के इतने करीब आ जाता है ये चुलबुला आनंद कि पता ही नहीं चलता है। एक हारी हुई लड़ाई है जिसमें से दोनों किरदार गुजरते हैं। हँसना, खेलना, एक-दूसरे से जमकर गप्पें करना, इस सुकून की जिंदगी में कई पड़ाव आते हैं। आनंद डॉक्टर साहब के खोए हुए प्यार को फिर ढूँढ़कर उनके पास ले आता है। जाते-जाते वो दोस्त का घर बसा जाता है। अमिताभ तब बॉलीवुड में नये-नये थे और उनके सामने उस समय के सुपर स्टार राजेश खन्ना थे। ऐसे में ऋषी दा का ही जादू और व्यक्तित्व ऐसा था कि अमिताभ ने खुलकर इस पात्र को जिया। ये मासूम-सा चेहरा आगे चलकर खुद एक महान स्टार बना, वो अलग कहानी है। अमिताभ के बेहतरीन अभिनय वाली फिल्म कही जाती है यह फिल्म।

आनंद : यह पात्र ऋषी दा ने लिखा और सोचा था राजकपूर के लिए, मगर कुछ वक्त ऐसा रहा कि राजेश खन्ना इस रोल में लिए गए। राजेश खन्ना उस वक्त के सुपरतम स्टार थे। इस फिल्म में उनकी मौत दिखाई जानी थी जो उस वक्त स्टार इमेज के लिए ठीक नहीं समझा जाता था। उनके नखरे भी बड़े होते थे। मगर ऋषी दा भी अपने-आप में एक हस्ती थे। बड़ा-से-बड़ा कलाकार उनकी अभिनय की पाठशाला में शिष्य बनकर हाथ बाँधे खड़ा रहता था और इस हेड मास्टर के लिए जी जान लगाकर काम करता था। राजेश खन्ना ने इस किरदार को वो ऊँचाइयाँ दीं कि आज भी उस जमाने के दर्शकों के लाडले बने रहे राजेश खन्ना। लोग जार-जार रोए थे इस फिल्म में उनके अभिनय पर, मुस्कुराए थे, उनसे जिंदगी का फलसफा सीखा था। राजेश खन्ना तुस्सी ग्रेट हो!

आनंद फिल्म के तीन और पहलुओं पर आपका ध्यान खींचना चाहता हूँ, जिनका इस फिल्म की सफलता में जबर्दस्त योगदान था।

संगीत : एक से एक गाने थे। गुलजार साहब और योगेश ने लिखे हैं। सलिल दादा की सरल और सुमधुर धुनों में गुँथे हुए। मुकेश और मन्ना दादा की आवाज का जादू था। 'मैंने तेरे लिए ही सात रंग के सपने चुने'

का चुलबुलापन हो या 'कहीं दूर जब दिन ढाल जाए' की उदास तान हो या 'जिंदगी कैसी है पहेली' का दर्शन हो, गीतों ने दिलों पर राज किया था। एक गीत जो लताजी ने गाया था जो शायद इन गीतों से कम लोकप्रिय हुआ वो था- 'ना जिया लागे ना, तेरे बिना मेरा जिया लगे ना।' शास्त्रीय संगीत की रागिनी पर आधारित गीत बहुत कर्णप्रिय था मगर पता नहीं क्यों ज्यादा लोकप्रिय नहीं हुआ था तब।

संवाद : संवाद इस फिल्म की जान थे। एक से बढ़कर एक। गुलजार साहब ने तो मानों कलम तोड़ थी इन संवादों के लिखने में। इन संवादों ने गुदगुदाया, हँसाया और रुलाया। कई तो जिंदगी की फिलासफी, दर्शन बन गए।

- बाबू मोशाय, जिंदगी बड़ी होनी चाहिए, लंबी नहीं।

- हम आने वाले गम को खींच-तानकर आज की खुशी पे ले आते हैं और इन खुशियों में जहर घोल देते हैं।

- मौत तू एक कविता है, मुझसे एक कविता का वादा है, मिलेगी मुझको, डूबती नब्जों में जब दर्द को नींद आने लगे, जर्द-सा चेहरा लिए चाँद उफक तक पहुँचे, दिन अभी पानी में हो, रात किनारे के करीब, ना अँधेरा ना उजाला हो, ना अभी रात ना दिन, जिस्म जब खत्म हो और रुह को जब साँस आए, मुझसे एक कविता का वादा है, मिलेगी मुझको...

- क्या उदासी खूबसूरत नहीं होती ?

- आनंद मरा नहीं, आनंद मरते नहीं।

- दुख अपने लिए रख, आनंद सबके लिए।

फिल्म का अंतिम सीन : उस समय फिल्म का आखिरी सीन बहुत चर्चित हुआ था। दर्शकों के जेहन पर छा गया था। टेप रिकॉर्डर, उस वक्त एक अद्भुत-सी चीज मानी जाती थी। आवाजें टेप करना एक शगल हुआ करता था। आनंद के टेप रिकॉर्डर पर कुछ सुनते वक्त डॉक्टर भास्कर उसके पास आते हैं तो वहाँ दोनों में अपनी आवाजें रिकॉर्ड करने का तय होता है। आनंद कहता है कि बाबू मोशाय वो अपने कॉलेज की लिखी कविता सुनाओ न। तो भास्कर सुनाते हैं- 'मौत तू एक कविता है... करीब, ना अँधेरा ना

उजाला हो, ना...' इस कविता को सुनाने के बाद आनंद की बारी है। टेप घूम रहा है लेकिन आनंद माइक भास्कर के हाथ देकर शीशे के सामने जाकर पाउडर वगैरह लगाकर आता है (नाटक कंपनी वाला डायलॉग जो बोलना है) और कहता है- 'बाबू मोशाय, जिंदगी और मौत ऊपर वाले के हाथ है जहाँ पनाह...' इस खाली समय को बहुत खूबसूरती के साथ इस्तेमाल किया था फिल्म में ऋषी दा ने।

आनंद का आखिरी वक्त है। आखिरी आशा के तहत डॉक्टर बैनर्जी एक होमियोपैथ से दवा लाने गए हुए हैं। आनंद कहता है कि टेप चला दो। कविता शुरू होती है और खत्म होते तक आनंद की साँसें भी। बाकी के सब लोग रो रहे हैं, कमरे में सन्नाटा है। भास्कर कमरे में आता है। आनंद को चुप देखता है और दुख का सैलाब टूट पड़ता है और वो चीखते हुए उससे कहते हैं- 'बोलो, बोलो, पिछले छह महीने से तुम्हारी बक-बक सुन रहा हूँ, बोलते क्यों नहीं। अचानक एक आवाज गूँजती है- 'बाबू मोशाय, जिंदगी और मौत ऊपर वाले के हाथ में है जहाँपनाह...' डायलॉग पूरा होता है और टेप की रील खत्म और वो स्पूल का जोरों से घूमना। सच आज भी वो अंतराल का उपयोग रोंगटे खड़े कर देता है।

फिल्म खत्म होती है 'आनंद मरा नहीं, आनंद मरते नहीं', इस संवाद के साथ। सच ऋषी दा आनंद एक अमर इतिहास है हिंदी सिनेमा के लिए। और भी बहुत कुछ है जो लिखा जा सकता है फिल्म के बारे में, मगर बस बंद यहीं ये किस्सा।

हाँ यह फिल्म तेलगु तथा अन्य भाषा में भी बनी। लेकिन वो लंबा-सा खींचकर बोले डायलॉग का जादू जो सिर्फ राजेश खन्ना दे सकते थे वो कहाँ से लाए होंगे बाकी लोग। एsss बाsss बूsss मोsss शायsss

तीसरी कसम

रुपहले परदे पर एक कविता- 1

भाव सम्प्रेषण के लिए कई विधाएँ हैं, लेखन, गायन, नृत्य, सिनेमा और कभी-कभी मौन भी। लेखन में भावनाएँ शब्द बनती हैं, कागज पर बहती हैं। कभी गद्य बन जाती हैं तो कभी-कभी पद्य या कविता। जहाँ गद्य एक लोकप्रिय विधा है, हर एक को समझ आती है, मगर वहीं पद्य या कविता थोड़ी कम प्रचलित है, दुरूह है। मुश्किल होती है समझने में मगर एक बार समझ आ जाए तो भरपूर मजा देती है। बचपन में माँ के गुनगुनाने में, फिर मंदिर, मस्जिद, गिरिजा की प्रार्थनाओं में, हमारी आस्थाओं में, हमारे राष्ट्रगीत में कविता ही कविता है। मगर व्यवहार और व्यापार का माध्यम नहीं बन पाई कविता।

ये फिल्म समीक्षा है या गद्य और पद्य की तुलना ? इस फिल्म को समझने के लिए यह समझाना जरूरी-सा लगा मुझे, क्योंकि तीसरी कसम फिल्म नहीं बल्कि एक कविता थी। रुपहले परदे पर जिसे लिखा था कविवर शैलेंद्र ने। पूरी ईमानदारी और शिद्दत के साथ रची थी ये कविता, मगर व्यवहार और व्यापार नहीं कमा पाई यह फिल्म।

शैलेंद्र एक महान गीतकार थे, एक तरह से गुलजार साहब के गुरु। उन्होंने ही गुलजार को फिल्म दुनिया में प्रवेश दिलवाया था। सीधे-सादे शब्दों से जादू कर देते थे शैलेंद्र। भावना, दर्शन, माधुर्य सब कुछ भरा रहता था उनके गीतों में। 'किसी की मुस्कुराहटों पे हो निसार, किसी का दर्द हो सके तो ले उधार...' इतना खूबसरत दर्शन शायद ही किसी गीत में हो। एक पूरी पीढ़ी के लिए संदेश था ये गीत। हाँ शैलेंद्र जी के इस 'गागर में सागर भरने की कला' के बारे में एक छोटा-सा किस्सा जरूर बताना चाहता हूँ। शैलेंद्र की

तारीफ के पुल इसलिए बाँध रहा हूँ क्योंकि मैं बताना चाहता हूँ कि एक महान फिल्मकार क्या होता है।

ख्वाजा अहमद अब्बास जब आवारा फिल्म की स्क्रिप्ट राजकपूर को सुना रहे थे तब वहाँ शैलेंद्र भी बैठे हुए थे। अब्बास ने राजकपूर से इशारे में पूछा था कि यह कौन, राजकपूर ने तब उन्हें इशारे में ही चुप करा दिया था। खैर कहानी खत्म हुई, सभी चुप से बैठे थे, तब यह नौजवान गुनगुना कर बोला- 'आवारा हूँ या गर्दिश में आसमान का तारा हूँ।' ख्वाजा अहमद अब्बास एकदम स्तब्ध हो गए और जोरों से कहा- 'अद्भुत, इस नौजवान ने तो फिल्म की आत्मा का ही वर्णन कर दिया।' तो ऐसे थे शैलेंद्र, जीनियसों के जीनियस। जो अपने दो शब्दों में किसी पूरी कहानी को लपेट सकता था वो इंसान अगर एक फिल्म बनाए तो समझिए और कल्पना कीजिए कि उस तीन घंटे की फिल्म में उसने कितना कुछ कह डाला होगा। शायद ये ढेर सारा संदेश, दर्शन उस समय के दर्शकों को पचा नहीं था और यह फिल्म बॉक्स ऑफिस पर औंधे मुँह गिरी। शैलेंद्र कर्जे में धँस गए और फिर दिल को ऐसी लगी कि जल्द ही हम सब से दूर भी चले गए।

इस फिल्म को उस वक्त सराहना तो बहुत मिली, मगर दर्शक नहीं, पैसा नहीं। और आज, लोग इसे महानतम फिल्मों में से एक मानते हैं। समीक्षकों ने इसे सेल्युलाइड पर लिखी कविता कहा है। आइए इस फिल्म को समझना शुरू करें।

फिल्म शुरू होती है, जंगल में बैलगाड़ियाँ लद रही हैं, रात का वक्त है। शायद कोई चोरबाजारी का समान है, क्योंकि सेठ और उसका मुनीम दबे स्वरों में बात किए जा रहे हैं। बैलगाड़ियाँ चल पड़ती हैं। नीली आँखों वाला वो छलिया जिस पर हिंदुस्तान फिदा था वो राजकपूर धोती और बंडी पहने अपनी बैलगाड़ी हाँक रहा है, गाड़ीवान हीरामन बने हुए। होठों पर गीत- 'सजन रे झूठ मत बोलो, खुदा के पास जाना है, न हाथी है न घोड़ा है, वहाँ पैदल ही जाना है।' उस वक्त का अभिजात्य भरा हीरो धोती-बंडी में दर्शकों को भारी पड़ रहा है वहाँ ये दार्शनिकता भरा गीत। शायद यही डोज भारी पड़ा होगा।

खैर इस गीत की पंक्तियाँ अंदर तक मन को झकझोर देती हैं। 'लड़कपन

खेल में खोया, जवानी नींद भर सोया, बुढ़ापा देखकर रोया, यही किस्सा पुराना है।' ये तमाम धर्मगुरु, धर्म ग्रंथ जिस बात को बड़े बोझिल शब्दों में समझाते हैं, उसे सुमधुर गीत से शैलेंद्र जी कह गए।

गाड़ियाँ पुलिस द्वारा पकड़ी जाती हैं। दरोगाजी कहते हैं सेठ को तीन साल की सजा होगी, वहीं गाड़ीवानों को दो-दो साल की। सुनते ही हीरामन जी अपने बैलों को गाड़ी से चुपके से खोल देते हैं और जंगल में दौड़ लगा देते हैं। किसी तरह से बचकर घर पहुँचते हैं, और माँ के सामने कसम खाते हैं कि फिर कभी गाड़ी में चोरी का माल नहीं लादेंगे। फिर अगले शॉट में गाड़ी में बाँस लादकर जा रहे हैं तो किसी रईस के ताँगे से भिड़ जाते हैं क्योंकि गाड़ी पर कंट्रोल नहीं हुआ। पिटाई होती है। दूसरी कसम खाते हैं कि आइंदा से गाड़ी में बाँस नहीं लादेंगे।

दो कसमें तो हो गईं, अब जो तीसरी कसम है जिसकी यह कहानी है, वो आगे चलेगी।

रुपहले परदे पर एक कविता- 2

जब हीरामन बाँस लादने के लिए मना करते हैं और मुनीम से हिसाब पूरा करते हैं, तो मुनीम भी उनसे गाड़ी रखवा लेता है। अब हीरामन के पास सिर्फ बैल की जोड़ी बची है। दर्शकों की उत्सुकता है कि अब आगे क्या!

अगला शॉट है जहाँ एक चिट्ठी लिखवाई जा रही है दुलारी और हंगल (हीरामन के भाई, भाभी का रोल किया है दोनों ने) द्वारा। डाकिया को पता लिखवाया जा रहा है जिला पूरनिया तब डाकिया उसे ठीक कराते हुए कहता है जिला पूर्णिया। दर्शकों को एक हिंट मिल जाती है कि ये कहानी बिहार और सीमांत उत्तर प्रदेश की हो सकती है। अचानक एक बैलगाड़ी की आवाज पर हंगल नजर उठाकर देखते हैं और कहते हैं, अरे महाजन की टप्पर वाली गाड़ी है, आओ चौधरी अंदर आओ। अंदर घुसकर किवाड़ बंद कर पत्नी से कहते हैं- 'अरे बाहर जाकर कह देना घर पर नहीं हैं।'

ये एक छोटा-सा प्रसंग है। इसे जान-बूझकर मैंने लिखा है। ये एक छोटा-सा सीन बहुत कुछ कह जाता है। टप्पर वाली गाड़ी यानी ऐसी बैलगाड़ी जो

पूरी तरह ढँकी है। एक टप्पर पड़ा है, अंदर सवारी परदे में बैठ सकती है, सो ये बड़े लोगों की सवारी बन गई है। अब महाजन/ जमींदार घर आया है तो मतलब मुसीबत ही है सो बहाना बनाना वक्त की जरूरत है।

भाभी बाहर आकर कहती हैं मुन्ने के बाबा घर पर नहीं हैं। जोर से पूछा जाता है कहाँ गए हैं। जब गाड़ीवान मुड़कर हँसता है, अरे ये तो अपना हीरामन है। भाभी (दुलारी) के चेहरे पर एक स्नेह और देवर भाभी के छेड़-छाड़ की भाव वाली मुस्कान आ जाती है। देवर-भाभी की बातें शुरू होती हैं और हीरामन अपने बैलों के बल से सर्कस की शेरगाड़ी खींचने की बात और फिर डेढ़ सौ रुपय्या पाकर इस टप्पर गाड़ी खरीदने का वर्णन करते हैं।

ये एक सीन ग्राम्य जीवन में महाजन का डर, हीरामन का पराक्रम, टप्पर गाड़ी की महत्ता, देवर-भाभी के प्यार को बखूबी दर्शा जाता है। ये निर्देशक बसु भट्टाचार्य और शैलेंद्र के जहनीयत का सबूत है।

खैर ये टप्पर वाली गाड़ी ही है जिस वजह से तीसरी कसम होगी। स्टेशन के बाहर खड़ी इस टप्पर गाड़ी में बिरजू (सत्यदेव दुबे) एक सवारी बैठा चुका है और गाड़ीवान को ढूँढ़ रहा है। हीरामन को देख समझ जाता है और कहता है कि भाई गाड़ी मेले वाले गाँव गडबनेली ले चलो। तीस रुपिया भाड़ा बोला जाता है और हीरामन ये वचन ले लेता है कि गाड़ी में कोई गैरकानूनी सामान नहीं है। जनाना सवारी है, सँभाल के ले जाना मैं रेल से जा रहा हूँ, यूँ बोल बिरजू सटक लेता है। हीरामन ने सिर्फ पायल की झंकार ही सुनी है। गाड़ी लेकर चलता है। रात का समय है कोई आवाज नहीं है, सो हीरामन डर-सा गया है कि कोई चुड़ैल तो नहीं आ बैठ गई है गाड़ी में। रास्ते के एक मंदिर में रुककर भगवान से मन्नत माँगता है कि सब सकुशल रखे तो सवा रुपिया का प्रसाद चढ़ाएँगे।

रातभर गाड़ी चलती है। सुबह-सुबह रौशनी के साथ हीरामन उस परदे वाली गाड़ी के अंदर झाँकने की कोशिश कर रहे हैं, और अचानक गाड़ी को झटका लगता है, परदा खिसकता है और हीरामन की नजर सोई औरत पर जाती है, और वो चिल्लाकर कहता है- 'अरे ये तो परी है परी'। वहीदा जी इस आवाज और गाड़ी के झटका खाने से उठ जाती हैं। दोनों की यह अजीब-

सी मुलाकात एक मुस्कान ले आती है दर्शकों के चेहरे पर। बातें शुरू होती हैं। वहीदा जी हीरामन से मितवा वाला रिश्ता जोड़ लेती हैं। दो हमनाम उत्तर भारत में एक-दूसरे को नाम से नहीं बल्कि सखी, सखा या मितवा, मीता कह कर बुलाते हैं। हीरामन और हीराबाई। हीरामन की जिंदगी के कुछ पल सुना जाता है हीरामन और थोड़ा कुछ हीराबाई भी कह जाती हैं। दुख और हताशा की जिंदगियाँ हैं।

सुबह का सफर शुरू हुआ ही है। गाड़ीवान हीरामन गाना शुरू कर देता है- 'करमवा बैरी हो गए हमार, चिठिया हो तो हर कोई बाँचे, भाग ना बाँचे कोय... जाए बसे परदेस सजनवा... सूनी सेज गोद मेरी सूनी, मरम ना जाने कोय...' वाह! एक-एक लाइन सोना है। इस मधुर गीत ने क्या ना कह दिया। गाना सुमधुर तो है ही मगर फिल्म की कहानी को अप्रत्यक्ष रूप से समझा भी जाता है।

एक जगह रास्ते में रुकते हैं कजरी नदी के पास। हीरमान महुआ घटवारन के घाट पर कुँवारी लड़की के नहाने के प्रतिबंध के बारे में बताते हैं और हीराबाई को दूसरे घाट पर नहाने को कहते हैं। भोला हीरामन इस थियेटर की हीराबाई को कुँवारी समझ रहा है। सच ये निर्दोष भाव राजकपूर का भोला चेहरा ही ला सकता है। वैसे राजकपूर जैसा अभिजात्य भरा हीरो, जिसकी नीली आँखें और ढेर सारी रोमांटिक कहानियाँ थीं वो इस फिल्म का हीरो बना ये बड़े अचरज की बात थी। मगर इस शहरी बाबू ने उस उत्तर भारत के देहाती का वो रूप बनाया कि लोग आज इसे फिल्म को राजकपूर के अभिनय के लिए याद करते है। वो यूपी, बिहार के लोगों के द्वारा किसी वाक्य में एक आध शब्द को बाकी वाक्य से ऊँची आवाज में बोलना, हूबहू उतारा था राजकपूर ने। एकदम भुस्स देहाती लगे थे राज। इस फिल्म और राजकपूर का एक मशहूर किस्सा है। फणीश्वर नाथ रेणु की एक कहानी 'मारे गए गुलफाम' से प्रभावित होकर शैलेंद्र ने एक स्क्रिप्ट तैयार की और राजकपूर को सुनाना शुरू किया।

एक खामोशी के बीच ये कहानी राज जी ने सुनी।

शैलेंद्र ने पूछा- "कैसी लगी, आप करेंगे काम?"

राजकपूर ने एक गहरी साँस लेकर कहा- "हाँ, मगर मेहनताना पूरा लूँगा वो भी एडवांस में।" शैलेंद्र स्तब्ध-से हो गए। कहाँ वो राजकपूर को मित्र समझते थे और अब ये रंग, मेहनताना एडवांस में। मायूस शैलेंद्र से मुखातिब होकर राज जी ने कहा- "हाँ मेरी फीस एडवांस में, निकालो एक रुपया।" तो ये था स्क्रिप्ट का जादू और यारों की यारी। जो पहला शॉक दिया राज जी ने वो शैलेंद्र को एहसास करने के लिए था कि इस तरह के शॉक के लिए तैयार रहो। शैलेंद्र जी के लिए हर एक ने सहूलियत दी, मगर बॉक्स ऑफिस की असफलता ने शैलेंद्र को कर्ज में बाँध दिया और... ओह चलिए फिर फिल्म की ओर चलें।

नदी के घाट पर स्नान और नाश्ते के बाद सफर शुरू होता है। हीरामन फिर कुछ गुनगुना रहे हैं, सामने से आता गाड़ीवाला भी गीत गाता हुआ आ रहा है। हीराबाई कहती हैं कि हर गाड़ी वाला गाना क्यों गा रहा है। हीरामन कहता है 'फटा कलेजा गाओ गीत, दुख सहने का यही रीत।' कितनी बड़ी बात है और शायद यही बात साहित्यिक शब्दों में ऐसे कही गई है कि 'वियोगी होगा पहला कवि आह से उपजा होगा गान।'

हीराबाई की फरमाइश पर हीरामन ये गीत गाते हैं- 'दुनिया बनाने वाले क्या तेरे मन में समाई।' गाने शायद ज्यादा हैं फिल्म में। मगर ये ही तो जान हैं फिल्म की। हर गाना कहानी को अर्थ देता है, आगे बढ़ाता है, वो बहुत कुछ कह जाता है और सोचने पर मजबूर कर देता है।

रुपहले परदे पर एक कविता- 3

महुआ घटवारन की कथा में जहाँ एक मासूमियत थी वहीं उस एक निर्दयता का वर्णन भी था जहाँ वो बिचारी सौतेली माँ के जुल्मों का शिकार हुई है। दुख की इस कहानी के बीच बैलगाड़ी चल पड़ी है। इस दुख के भाव को बढ़ाने हेतु अगर कोई आम फिल्मकार होता तो एक ऐसा सीन रखता जहाँ दुख के ऊपर दस मिनट की डायलॉगबाजी जरूर होती। पर शैलेंद्र यहाँ अपनी छाप छोड़ते हैं वो इस सीन को विस्तार देते हैं एक गीत से। शब्द जब लय में आते हैं, यानी गीत या कविता में तो वो ज्यादा प्रभाव छोड़ते हैं। सो इस दुख

के भाव को बिना बोझल या नीरस बनाए कहानी का विस्तार देते हैं गीतों में सजे मासूम से प्रश्नों से जो हीरामन भगवान से पूछता है।

'दुनिया बनाने वाले क्या तेरे मन में समाई, तूने काहे को दुनिया बनाई?' इस मुखड़े के बाद के अंतरों में भी सवाल हैं जो इस दुनिया में दुखों के बारे में हैं। बुनियादी से सवाल हैं, शिकायतें हैं। 'काहे बनाए तूने माटी के पुतले...' भगवान तूने माटी के पुतले क्यों बनाए? फिर उनमें जान डाल दी, भावनाएँ दी... क्यों, क्यों? क्या सिर्फ इसलिए कि दुखों का सृजन कर सके तू? भगवान से ऐसे सवाल ये भोला हीरामन ही कर सकता है। 'तू भी तड़पा होगा मन को बना के... काहे को प्रीत बनाई... मीत मिला के तूने सपने जगाए, सपने जगाके तूने काहे दे दी जुदाई...'

गाना खत्म होते ही मेले वाला गाँव आ जाता है। यहाँ गाड़ी खड़ी की जाती है। हीरामन के दोस्त मिल जाते हैं। एक उन सब का खाना बनाने वाला सेवक भी है। इन तीन लोगों में सबसे मुखर और उस समय के सुपरिचित चेहरा हैं लालमोहर बने कृष्ण धवन। कृष्ण धवन उस समय राजकपूर, देवानंद की करीब-करीब हर फिल्म में होते थे। इस फिल्म में उन्होंने गजब का अभिनय किया है। एक साथी जिसे वही ईर्ष्या है, ईर्ष्या जो स्वस्थ है, ईर्ष्या है छोटी-छोटी-सी, ईर्ष्या है कि हीरामन को क्यों हीराबाई मेरे मुकाबले ज्यादा भाव दे रही है। मगर है वो हीरामन के सुख-दुख का साथी, पक्का दोस्त। ये नाम लालमोहर एक टिपिकल देहाती नाम है और बाकी साथियों के भी इसी तरह के नाम हैं।

ये टोली बैठकर मेले की मस्ती में एक लोकगीत गाती हैं जो दर्शकों में एक मस्ती ला देता है। 'चलत मुसाफिर मोह लिया रे पिंजरे वाली मुनिया...' ये गाना एक प्रकार से ठूँसा हुआ कह सकते हैं मगर मैं ऐसा नहीं मानता। ये गाना उस मेले की जीवंतता का प्रतीक है। ये गाना वो निश्छल-सा आनंद है जो गाने की शक्ल में वर्णन है पिंजरे वाली मुनिया का (यानी एक मोहिनी औरत), जो जहाँ बैठती है वहाँ का रस सोख लेती है। सुंदर औरत बरबादी का कारण है। ये एक भाव है जो अक्सर अकेले घूमने वाले लोगों, कुँवारे लोगों में पाया जाता है। खैर ये गाना मेला, वहाँ के लोगों और एक मस्ती का वर्णन

कर जाता है दर्शकों के लिए।

फिर कुछ रोचक-सी घटनाएँ हैं। हीरामन को उसके दोस्त याद दिलाते हैं कि बैलगाड़ी का भाड़ा देते वक्त हीराबाई ने पास देने का वादा किया है। सो तीनों दोस्त दिन के समय हीराबाई से मिलने जाते हैं। रास्ते में मेले में होने वाले नाटक का प्रचार हो रहा है। हमारे अपने सबके प्रिय आसित सेन जी बड़ा-सा सोलो हैट लगाए नाटक कंपनी का प्रचार कर रहे हैं। पर्चे उछले जाते हैं भीड़ पर। लालमोहर के हाथ में एक पर्चा आता है। इस वक्त इस अभिनेता ने कमाल के भाव लाए हैं चेहरे पर। गाँव देहात में छपा पर्चा एक अलग अहमियत रखता है। अगर आप उसे पढ़ भी सकते हैं तो आपका दर्जा ऊँचा हो जाता है। तो इसी गर्व के भाव के साथ, पर्चा हाथ में लिए हुए वो एक निर्णय-सा देते हैं। कंपनी बढ़िया है, 'छापा फारम' भी है। ये 'छापा फारम' वाली बात उन पाठकों के चेहरों पर मुस्कान जरूर ले आएगी जो गाँव-कस्बों में रह चुके हैं।

खैर आगे बढ़ते हैं। अब देहाती लोग कंपनी के टेंट के पास जाते डर रहे हैं। हीरामन लालमोहर से कहते हैं- 'चलो तुम बात करो, बाबू वाली जबान जानते हो।' बाबू वाली जबान यानी सलीके से शहरी ढंग से बात करने का तरीका। लालमोहर तनकर बात करने जाते हैं मगर लटपटा जाते हैं। खैर किसी तरह चौकीदार साहब को पटाकर हीराबाई तक बात पहुँचाई जाती है। हीरामन को प्रवेश मिलता है, कंपनी के अहाते में। वो अंदर जाता है, यहाँ बाहर लालमोहर एंड कंपनी नेपाली चौकीदार साहब की खुशामद और उसे पान खिलाने में व्यस्त है। हीरामन को पाँच पास मिल जाते हैं। वो बाहर आकर दोस्तों को पास दिखते हैं। ये 'पास' भी एक गोल्डन मोमेंट है तीनों के लिए। पास नहीं मानों पद्मश्री मिली हो।

ये छोटी-छोटी बातें उस ग्रामीण परिवेश, उस विचार को उस भोलेपन को उभारती हैं। यही होता है पटकथा और निर्देशन का जादू। ऐसे अनेक प्रसंग हैं जो परिवेश को, उस समाज को वहाँ की मान्यताओं को आराम से दर्शकों के दिलो-दिमाग पर छाप देते हैं। शहरी दर्शक भी इन छोटी-छोटी बातों में रस लेने लगता है और चेहरे पर मुस्कान आ जाती है।

और एक-दो ग्रामीण बातें। हीरामन जब अपने दोस्तों के साथ कंपनी की ओर जाते समय अपने दोस्तों से कहते हैं कि वो उनका कंधा सूँघे। गजब खसबू है ना, हीरामन पूछते हैं? यहीं पर एक बार हाथ धरा था हीराबाई ने बैलगाड़ी लड़खड़ाई थी तब। सब इसी बात पर गदगद होते हैं और हीरामन को ईर्ष्या की निगाह से देखते हैं। वैसे ही जब पास देने के बाद हीराबाई जब हीरामन से कहती है कि तुम जाओ क्योंकि मुझे अब रिहर्सल पर जाना है। हीरामन इस शब्द का अर्थ पूछ नहीं पाता है तब तक हीराबाई बढ़ चुकी हैं। बाहर आकर वो पूछता है ये 'रिसाल' क्या होता है? हीरामन के दोस्तों को तो पता नहीं है मगर नेपाली चौकीदार कंपनी में बरसों से है सो वो पूरे कॉन्फिडेंस से कहता है अरे वही 'प्रेटिस'। अब भाई ये प्रेटिस क्या है आप बूझते रहें। बस अगली बार में तीसरी कसम का किस्सा बंद करना जरूरी है। वैसे हर सीन पर एक अंक लिखा जा सकता है, मगर तार को ज्यादा खींचना ठीक नहीं।

रुपहले परदे पर एक कविता- 4

तो अब तमाशे की रात आ गई है। हीरामन, लालमोहर और टोली नाटक देखने को तैयार है। थियेटर में घुसने के लिए 'पास' दिखाया जाता है। अठनिया क्लास में प्रवेश के दौरान जगह बनाते समय लोगों को इस 'पास' की धौंस भी दी जाती है- 'हमारे पास पास है पास...।' इस 'पास' में क्या ह्यूमर है ये वो लोग ही समझ सकते हैं जिन्होंने ग्रामीण जीवन और इसके भोले-भाले लोगों को करीब से देखा है। बैठने की जगह प्राप्त की जाती है। परदा बंद है मगर नाटक के परदे को देखकर ही जनता खुश है, इस परदे पर राम-सीता की तस्वीरें हैं। इस परदे पर एक गोष्ठी हो जाती है। 'देखो देखो ये राम जी हैं, वो लखमन...' बड़ी श्रद्धा से हाथ जोड़े जाते हैं। राम जी से लगाव तो ग्रामीण भारत में सदियों से है। इसी बीच थानेदार साहब और जमींदार साहब के आगमन को भी टोली बड़े कौतूहल से देखती है।

हीराबाई आती हैं। और उनका नृत्य होता है इस कालजयी गाने पर। 'पान खाए सैयाँ हमारो, साँवली सुरतिया होंठ लाल लाल□ हाय हाय मलमल का कुर्ता, मलमल के कुर्ते पे छींट लाल लाल...' ये गाना शायद शृंगार रस के

सबसे अच्छे गानों में से एक है। कोई अपशब्द नहीं, कोई अश्लीलता का इशारा नहीं, मगर मादकता भरपूर है। बस नादान बलमा की बातें हैं। पान से होंठ तो लाल कर लिए, कुर्ते पे भी गिरा लिया है। 'हमने मँगाई सुरमेदानी, ले आया जालिम बनारस का जर्दा।' नादान है बलम, सुरमेदानी मँगाई तो ले आया बनारस का जर्दा। अब इसका क्या करूँ? आगे के अंतरों में भी इस अनाड़ी बलमा के ही किस्से हैं। अनाड़ी बलम ग्रामीण परिवेश में श्रृंगार रस का उच्चतम सोपान है। हाँ इस नृत्य में वहीदा जी ने जान डाल दी है। 'मलमल के कुर्ते पे छींट लाल लाल...' इस वाक्य के समय उनके द्वारा उँगलियों से जो छींटे डालने की अदा है, जो नजाकत है बस वो क्षण सिर्फ वहीदा जी ही पैदा कर सकती हैं। वहीदा जी के चाहने वालों में अमिताभ बच्चन जैसे महान कलाकार भी हैं जो उन्हें रंगमंच की सर्वश्रेष्ठ अदाकारा मानते हैं।

नृत्य के बाद दर्शकों में से एक हीराबाई के लिए अपशब्द रंडी कह देता है। हीरामन और उसके साथी उसकी धुनाई कर देते हैं। 'कंपनी ने हमको पास दिया है और ये कंपनी की बाई को ऐसा बोल रहे हैं।' बीचबचाव करने वालों को यह तर्क दिया जाता है। खैर इस झगड़े को टालने हेतु इस टोली को ऊपर के दर्जे में शिफ्ट किया जाता है। फिर हीरामन को बुलावा आता है हीराबाई का। वो हीरामन से मारपीट की वजह पूछती है। हीरामन हिचकते हुए बताते हैं कि उसने आपको रंडी कहा। हीराबाई एकबारगी सन्न हो जाती हैं इस भोलेपन पर मगर हीरामन को डाँटती है कि इस बात पर झगड़ा करने की क्या जरूरत थी। कोई कुछ बोले तुम क्यों मारपीट कर रहे हो। इस समय भी वहीदा जी के मन का अंतर्द्वंद्व, उनके चेहरे के भाव अभिनय की पराकाष्ठा हैं। भोला हीरामन जानता ही नहीं है कि नाटक मंडली की बाई क्या है, वो कुँवारी तो हरगिज नहीं है, वो एक सती-साध्वी तो हरगिज नहीं है। बस वो एक औरत है जो शोषित है मर्दों के हाथों।

इस झड़प के बाद हीरामन रूठकर चला जाता है और एक सवारी लेकर मेले से दूर चला जाता है। अब नौटंकी में एक गाना होता है 'मारे गए गुलफाम...' इस गाने में हीरामन नहीं है दर्शक के रूप में मगर लालमोहर है अपनी टोली के साथ। गाना खत्म होने पर लालमोहर कहता है- 'देखा

कैसे देख रही थी हीराबाई मेरे तरफ, देखा मेरा पावर, उसे मालूम है हीरामन से ज्यादा पावर मेरे पास है।' गाँव में प्रभाव या आभामंडल को पावर कहा जाता है। कृशन धवन का ये संवाद मुझे बहुत प्यारा लगा था, है और लगेगा। जो मासूमियत इस भोलेपन की गलतफहमी में है वो देखने लायक है। ये बेवकूफाना गलतफहमी, ग्राम्य जीवन का हिस्सा है।

खैर सुलह हो जाती है और फिर दंगा ना हो इसलिए हीराबाई हीरामन के बैठने का इंतजाम स्टेज पर ही करवा देती है। शुद्ध नौटंकी अंदाज में अगले दिन का खेल होता है। 'यही ख्वाहिश है तुम मुझे देखा करो', ये गीत पूरे गाँव वाली नौटंकी है। वो एक अनुनासिक स्वर में गाने को खींचते हुए गाना। उर्दू के शब्द मगर ऐसे कि गाँव वालों को भी समझ आएँ। इस गीत के एक शॉट में दो लोगों के चेहरे याद रह जाते हैं। एक हीरामन जिसकी आँखों में निश्छल प्यार, श्रद्धा और समर्पण है, वहीं जमींदार ठाकुर विक्रम सिंह (इफ्तेखार) जिसकी आँखों में वासना, कली को मसलकर सूँघने की हवस है।

एक दिन हीराबाई को हीरामन मेले के बाहर अपनी बैलगाड़ी में घूमाने ले जाता है। दोनों की बातों में प्यार, बेबसी सब कुछ है। हीरामन उसे पहली रात चुड़ैल समझ लेने की गलतफहमी के बारे में बताता है। फिर बताता है कि उनकी आवाज से वो समझा कि वो कितनी अच्छी है- 'बैलों को ना मारो मीता, ये कहते वक्त आप कितनी अच्छी लगी थीं। आपकी आवाज तो फेम गिलासी जैसे है।' हीराबाई इस बात को समझ जाती है और कहती है ओह ग्रामाफोन, हीरामन 'हाँ हाँ वही।' हीराबाई अपने थियेटर के शौक के बारे में कहती है कि 'मीता जैसे तुम्हें गाड़ीवान होने का नशा है, वैसा मुझे नाटक का है, इसके बिना मैं रह नहीं सकती"।

इसके बाद कहानी एक उदासी और बेबसी का मोड़ लेना शुरू करती है। एक तरफ जमींदार साहब येन केन प्रकारेण हीराबाई के तन पर अधिकार जमाने पर तुले हैं, वहीं मन पर किसी भोले गाड़ीवान का कब्जा है। हीराबाई जमींदार को नहीं मिलती है मगर हीरामन की जान और उसके भोलेपन को बचाने के लिए उसकी दुनिया से दूर चली जाती है। शायद इस फिल्म का यह आधे घंटे का दुखांत हिस्सा इतना इंटेंस हो गया है कि दर्शकों को रुला

जाता है। शायद यही हिस्सा इस फिल्म की आत्मा है, मगर शायद यही बॉक्स ऑफिस की विफलता का कारण भी बना। स्टेशन पर हीराबाई को बिदाई देकर हीरामन लौटते हुए अपनी तीसरी कसम खाता है कि अब किसी नौटंकी कंपनी वाली बाई को अपनी गाड़ी में नहीं बिठाएँगे। तीसरी कसम फिल्म इसी के साथ खत्म होती है।

मन के पटल पर यह फिल्म छोड़ जाती है अनेक छाप। वो ग्रामीण परिवेश, वो भोले-भाले लोग, शैलेंद्र के गीत, शंकर-जयकिशन का संगीत, बासु भट्टाचार्य का निर्देशन और तमाम टीम का प्रयास। वो लालमोहर का पावर, ठाकुर साहब की रौबीली मूँछें और वासना भरी भेदक नजर, चौकीदार साहब की मुस्कान, वहीदा जी की बोलती आँखें और दर्द भरी मुस्कान और हीरामन (राजकपूर) का हिस्स्स...

उड़-उड़ बैठी थियेटर के हाल मा, दर्शक के मन मोह लिया रे पिंजड़े वाली मुनिया। चलत मुसाफिर मोह लिया रे पिंजड़े वाली मुनिया।

बोल

बहुत कुछ कह जाती है फिल्म

ये एक फिल्म है जो सभी सिने प्रेमियों को देखना चाहिए। ऐसा कुछ संजोग हुआ कि एक लाइन से चार पाकिस्तानी फिल्में देखीं और चारों लाजवाब। ऐसा लगा कि वो एक रूढ़िवादी, सैनिक शासित (डेमोक्रेसी तो नाम की है) देश है और वहाँ इतने बोल्ड विषयों पर फिल्में बन सकती हैं क्या? पहली फिल्म थी 'खुदा के लिए' नसीरुद्दीन शाह ने भी काम किया था इस फिल्म में। कट्टरता और आतंकवाद पर बनी बहुत शानदार फिल्म थी। फिर एक देखी थी 'रामचंद पाकिस्तानी', जिसमें पाकिस्तान में रह रहे एक हिंदू परिवार का एक छोटा बच्चा भटकता हुआ हिंदुस्तान की सीमा में आ जाता है। उस बच्चे के हिंदुस्तानी जेल में रहने और फिर वहाँ से वापस जाने की कहानी थी। ये दोनों फिल्में व्यावसायिक रूप से ज्यादा सफल नहीं रही थीं, मगर जानकारों ने काफी तारीफ की थी। 'तेरे बिन लादेन' एक कमर्शियली हिट थी, अब ये फिल्म कला की दृष्टि से अच्छी है साथ-साथ व्यावसायिक रूप से भी सफल-सी प्रतीत हो रही है।

फिल्म देखते समय वहाँ की संस्कृति का अल्पज्ञान और साथ-साथ सभी नये कलाकारों को देखना, फिल्म में उत्सुकता बनाए रखता है। सभी कलाकार पाकिस्तानी इंडस्ट्री के हैं जिनके बारे में मुझे कुछ ज्यादा नहीं पता था। इसीलिए शायद सभी कलाकार यूँ प्रतीत हुए जैसे वो वास्तविक हों। हमारी फिल्म देखते वक्त, देव आनंद साहब पोस्ट मैन भी बने तो वो देव आनंद ही होते हैं कोई पोस्ट मैन नहीं। खैर हर एक बात का अपना मजा है।

कहानी ऐसी है कि एक हकीम साहब हैं। पुश्तैनी हकीमखाना चलाते हैं।

दीन और मजहब से बँधे। लड़के की चाह में लाइन से पाँच लड़कियाँ। एक लड़का सबसे छोटा, मगर उसमें भी दोष। सब लड़कियों के बीच रहते-रहते वो भी कुछ लड़की जैसा, आम भाषा में कहें तो हिजड़ा। हकीम साहब का पक्का मत है कि वंश चलाने के लिए एक लड़का पैदा होने तक उन्हें कोशिश करने का मजहबी हक है। पूरा घर आतंक में जीता है, एक ओर है हाकिम साहब का आतंक और दूसरी ओर ये डर कि लड़के को हिजड़े ना ले जाएँ।

एक मरीज आता है हकीम साहब के यहाँ। ये होता है एक कंजर, जिसका पेशा होता है अपने परिवार की लड़कियों से वेश्यावृत्ति करवाना। ऐसा एक समाज इस देश, और पाकिस्तान में आज भी अस्तित्व में है। खैर ये कंजर हकीम साहब के इलाज से ठीक होता है तो वो उन्हें फीस के अलावा मिठाई भी देता है। असलियत जानने के बाद पैसे तो ठीक मगर मिठाई उन्हें चुभती है। थोड़ी कहा-सुनी भी हो जाती है। कंजर किसी बात का बुरा नहीं मानता है और उन्हें अपने घर के लोगों को कुरान की तालीम देने के लिए कहता है। हकीम साहब की माली हालत ठीक नहीं है सो वो इस बात पर विचार करते हैं। कंजर का हेतु सिर्फ कुरान की तालीम नहीं है। उसने कहीं से ये सुन रखा है कि होने वाले बच्चे का लिंग का निर्धारण आदमी के क्रोमोसोम पर निर्भर है। यानी पिता के एक्स क्रोमोसोम की वजह से ही लड़की पैदा होती है। जिस किसी पुरुष के एक्स क्रोमोसोम ज्यादा तेज हैं तो औलादें लड़कियाँ होंगी। अब हकीम साहब की लड़कियाँ हो रही हैं तो वो कंजर के लिए एक उपयुक्त उम्मीदवार हैं, जो कंजर की बीवियों को गर्भवती करें। हकीम साहब को ये छुपा हुआ हेतु मालूम नहीं, और चूँकि पैसे की तंगी है, और धर्म की तालीम की बात है सो वो तैयार हो जाते हैं मगर शर्तों के साथ।

इधर एक घटना ऐसी घटती है, जो हकीम साहब की जिंदगी में उथल-पुथल मचा देती है। उनका लड़कीनुमा बेटा घर से निकलकर कुछ काम करने की तमन्ना रखता है। उसकी एक बहन का एक प्रेमी उस बच्चे की रुचियों के बारे में जानता है। उसे लगता है कि बच्चा चित्रकारी अच्छी करता है सो उसे इसी तरह के काम में लगाया जाए। पाकिस्तान में ट्रकों पर बड़ी चित्रकारी करने का रिवाज है। सो उसे ट्रकों की चित्रकारी वाले जगह पर नौकरी दिलवा

देता है। ये बच्चा पिता से छुपकर काम कर रहा है और खुश भी है। मगर उसके हाव भाव देख वहाँ के दो मजदूर उसे छेड़ते हैं और एक दिन मौका पाकर उसके साथ कुकर्म करते हैं। जब लड़का रात भर घर नहीं आता है तो खोजाई होती है। जैसे-तैसे बच्चा बुरी हालत में मिल तो जाता है मगर घर पर उसे पिता का कोई संबल नहीं मिलता है, बल्कि एक रात हकीम साहब उसे खानदान पर धब्बा समझते हुए गला घोंटकर मार डालते हैं।

पुलिस इस मौत को संदेहास्पद मानकर जाँच शुरू कर देती है। पुलिस इंस्पेकटर हकीम साहब को घेर लेता है। बात दबाने के लिए ढाई लाख की माँग रखता है। शायद किसी मस्जिद वगैरह के ढाई लाख हैं हाकिम साहब के पास, वो ले देकर पीछा छुड़ाते हैं।

हकीम साहब अब कंजर के पास ढाई लाख उधार माँगते हैं क्योंकि उन्हें अब पैसे वापस करने हैं। कंजर अब सीधा प्रस्ताव रखता है कि हकीम साहब उसकी बीवियों को गर्भवती करें जिससे उसे लड़कियाँ मिल जाएँ। हकीम साहब ये करते हैं। बेटी होती है कंजर के घर मगर, सभी का, हकीम साहब और कंजर की बीवी और हकीम साहब की बेटियाँ मिलकर इस लड़की को बचा लेती हैं उस नर्क में गिरने से।

सभी कलाकारों ने उत्तम अभिनय किया था। खासकर कंजर और हकीम साहब ने तो बेहतरीन काम किया था। दोनों वास्तविक जीवन के पात्र लगे थे। अच्छे, बुरे और बेहद निकृष्ट ऐसे सभी पात्र थे। वास्तविकता का इतना अच्छा चित्रण था कि फिल्म कमर्शियली भी हिट हुई थी। ऐसी फिल्में देखने मिलें तो आत्मा तृप्त हो जाती ही, और जिंदगी के कई वो पहलू जो हम मध्यमवर्गीय लोगों ने देखे-सुने नहीं हैं उनकी जानकारी हो जाती है। सच दुनिया कितनी विचित्र है।

जागते रहो

जरूर देखें ये फिल्म- 1

अभी हाल के कुछ दिनों में फिल्मकारों को घटिया, ओछी मानसिकता वाला बताना जारी है। फिल्मकार भी हमारे ही बीच से आते हैं। जिंदगी के कई तनावग्रस्त लम्हों में उन्होंने हमें हँसाया है, रुलाया है, मन में उत्साह भरा है। स्वतंत्रता आंदोलन से लेकर समाज सुधारों में इनका योगदान है। पता नहीं जिंदगी फिल्मों के बिना कैसी होती? कला मानव जीवन का अभिन्न अंग है उसे हीन देखना गलत है। खैर मुझे फिल्में अच्छी लगती हैं, और जो अच्छा लगता है उसे सभी तक पहुँचाना मेरे लेखन का कारण है।

जागते रहो, ये फिल्म सन 1956 में बनी थी। ब्लैक एंड व्हॉइट में बनी ये फिल्म जिंदगी के सभी रंगों को दिखा जाती है। शायद ये एक ऐसी फिल्म है जो सभी देख सकते हैं। इसमें न वो तथाकथित आर्ट फिल्मों की बोझिलता है, न वो छिछलापन जो मनोरंजक फिल्मों का एक अंग हुआ करता है।

ये एक सीधी-सच्ची कहानी है जो मनोरंजक ढंग से कही गई है। और बहुत कुछ कह जाती है, सिखा जाती है कि जिंदगी क्या है। रफ्तार तेज है, और क्षण भर को दर्शक ऊबता नहीं है। इतनी पुरानी फिल्म फिर भी बोरिंग नहीं, कैसे? भाई इस बात की पुष्टि के लिए एकाध सीडी ले आइए और देख डालिए।

चलिए इस फिल्म की कुछ खूबियों, मजेदार पात्रों, थोड़े मनोरंजक डायलागों की बात करें। शायद आप फिल्म देखने के लिए प्रेरित हों।

आरके फिल्म्स के बैनर तले बनी ये फिल्म, राजकपूर साहब की वामपंथी सोच को दिखाती है। फिल्म के निर्देशक हैं अमित मित्रा। अमित मित्रा जी ने शंभू मित्रा के साथ कहानी और स्क्रीनप्ले भी रचा। ये फिल्म बंगाली भाषा

में इसी कास्ट में थोड़े फेर बदल के साथ भी बनी थी। संवाद हैं ख्वाजा अहमद अब्बास के, सो गहराई है साथ-साथ करारे व्यंग भी हैं। संगीत सलिल चौधरी का, गीत शैलेंद्र और प्रेम धवन के। 'जिंदगी ख्वाब है...' 'जागो मोहन प्यारे...' 'के मैं झूठ बोल्या...' वाह क्या गाने थे। चलिए फिल्म शुरू करते हैं। ओपनिंग शॉट है महानगर की सुनसान होती सड़कें, कैमरा चौराहे के क्लॉक टावर की घड़ी से उतरता है।

रात के एक बजना चाहते हैं, एक ट्राम गुजरती है, और पहरेदारों का समूह विभिन्न तरह से जागते रहो की आवाजें लगा रहा है। साइड शॉट से राजकपूर दिखाई देते हैं। ये बेचारा निरीह शक्ल वाला, गाँव का आदमी पानी के नलके से पानी पीने की कोशिश कर रहा है। पहरेदार की रोबदार आवाज- "क्या कर रहा है?" गरीब निरीह-सी आवाज में राजकपूर कहते हैं- "मैं नया हूँ, गाँव से आया हूँ।" फिर वही रोबदार आवाज- "क्या चाहिए?" राजकपूर- "थोड़ा-सा पानी।" पहरेदार फटकार लगाता है- "गाँव के कूएँ, तालाब सूख गए हैं क्या जो यहाँ पानी पीने आया है? भाग यहाँ से, फिर दिखा तो डंडे लगाऊँगा।"

गाँववाला हटकर दूसरी ओर जाता है, उसे एक छोटे से कागज में कुछ खाने को मिलता है, दो-चार दाने मुँह में डाले हैं कि एक कुत्ता पास खड़ा है, चंद दाने उसे भी। खाना बाँटना इस मुफलिसी में भी... सच गरीब का दिल बड़ा होता है।

दूर से आवाज आनी शुरू होती है। कबीर की उलटबाँसी- 'रंगी को नारंगी कहें बने दूध को खोया, चलती को गाड़ी कहें देख कबीरा रोया...' वाह क्या फिल्मकार थे, इतने महान दर्शन को दिखाने की हिम्मत रखते थे, और इसे सरल बनाकर आम दर्शकों तक पहुँचाते थे।

तो कबीर की इस उलटबाँसी के साथ मोतीलाल दी ग्रेट की एंट्री होती है। हिंदी सिनेमा जगत के महानतम कलाकार। शायद बहुत लोगों ने उन्हें देखा ही नहीं है। दिलीप, राज, शाहरुख, अमिताभ से भी ऊपर है ये नाम। उस जमाने में इतना स्वाभाविक नैचुरल अभिनय, वाह। जब लोग खींच-खींचकर डायलॉग बोला करते थे, हाथ-पैर के मूवमेंट जकड़े से होते थे। उस समय ये अभिनेता,

अपनी मस्ती भरी डायलॉग डिलिवरी, स्वाभाविक हाव भाव से इतनी शानदार परफॉर्मेंस देते थे कि बस वाह। कैमरे की, साउंड रिकॉर्डिंग की सीमाएँ थीं, मगर उन सीमित संसाधनों में भी वो कमाल कर जाते थे।

जिंदगी ख्वाब है, ख्वाब में सच है क्या और भला झूठ क्या... वो लहराती धोती, हलके से डगमगाते कदम, फुटपाथ पर सभी को छेड़ते मोतीलाल। उनकी इस मदमस्त एक्टिंग से गाने के मुखड़े में जान आ जाती है, जिंदगी ख्वाब है, ख्वाब में सच है क्या और भला झूठ क्या।

फिर जब अंतरे में वो गाते हैं... दिल ने हमसे जो कहा हमने वैसा ही किया... तो सच यह मदमस्त शराबी, फक्कड़-सा इंसान प्यारा लगने लगता है। आखिरी अंतरे के खत्म होते-होते वो राजकपूर से मिलकर दारू पेश करते हैं... एक प्याली गम के मारे दिल को दी... मगर वो बेचारा गाँव वाला इनकार करता है। वो उनका गिरा बटुवा देता है... फिर वो उसे पैसे देते हैं कि जाओ अच्छी-से-अच्छी शराब पियो, रेस खेल आओ... मगर इनकार ही है। तब वो कहते हैं... बीड़ी सिगरेट, रेस कुछ नहीं... तुम बड़े खुश्के हो यार, तुम आखिर चाहते क्या हो.... चल घर बीवी को ये नमूना दिखाऊँगा।

खैर, जैसे-तैसे जान छूटती है और मोतीलाल टैक्सी बुलाते हैं। मोतीलाल टैक्सी में बैठते हैं, राज उनका बटुआ बढ़ाते हैं, जो टैक्सी ड्राइवर अपने हाथ में लेकर, कुछ नोट जेब में रखकर उन्हें एक थप्पड़ लगाता है। कहता है- 'चोर कहीं का!' शायद यहीं समझ में आ जाता है कि शहर क्या है। टैक्सी के जाने के साथ फिर राज की पदयात्रा शुरू होती है।

अब कहानी शुरू हो चुकी है। राज पानी पीने के लिए एक कॉम्प्लेक्स में घुसता है, जहाँ कई मंजिला फ्लैट का समूह है। इस सोसाइटी में कई मजेदार पात्र हैं, जो इस कहानी को आगे बढ़ाएँगे। और हाँ मोतीलाल जी भी इसी फ्लैट समूह में रहते हैं। वो भी आएँगे।

'जिंदगी ख्वाब है, ख्वाब में सच है क्या और भला झूठ क्या!'

जीवन दर्शन को इस एक लाइन से समझ लीजिए। बड़े-बड़े संत ये कहते हैं कि संसार माया है। शायद इस गाने को ही नये ढंग से कह रहे हैं!

जरूर देखें ये फिल्म- 2

अब राजकपूर इस बड़े से फ्लैटों के समूह में घुस चुके हैं। किस्म-किस्म के लोग यहाँ पर हैं। हर फ्लैट और उसमें रहने वालों की एक कहानी है, एक राज है, एक चेहरा अलग-सा और है। हर घर से एक परदा उठता है। शायद हमारे आस-पास का संसार यही है। एक चेहरा लगाए बैठे हैं हम सब। बस हमारे घर में वो मासूम चोर नहीं घुसा है जो इस मुखौटे को उखाड़ फेंके।

तो पहला घर जहाँ राज जाता है, वो है, कैलाश बाबू का। फायर एस्केप की सीढ़ियों से पीछे के दरवाजे से राज बाथरूम में आते हैं। बाल्टी में भरा पानी उन्हें बुलाता है, अंजुली में पानी भरा ही है कि चोर-चोर की आवाजें आती हैं। लोगों का समूह कैलाश बाबू के घर की ओर दौड़ चुका है। कैलाश बाबू बने हैं रशीद खान, ये सहायक अभिनेता राजकपूर, देव साब की फिल्मों में जरूर हुआ करते थे। इनकी पत्नी बनीं थीं टुनटुन जो उस समय ज्यादा लोकप्रिय नहीं थी। हाँ, उनकी लड़की बनी हैं नाम सती, बंगला फिल्मों की स्मृति बिस्वास। इनका रोमांस चल रहा है प्रदीप कुमार से। रात के अँधेरे में प्रदीपजी उनके घर पर सती से रोमांस लड़ा रहे हैं, कि अचानक चोर चोर के शोर के कारण प्रदीप कुमार घर से निकालने की जुगत लगा रहे हैं। उन्हें बाहर निकालने में उनके और सती के बीच का ड्रामा जो बाथरूम में चल रहा है, उसे राजकपूर बड़े मजे से देख रहे हैं।

बड़ा-सा समूह सामने के दरवाजे से घर में घुस चुका है। ये समूह बिल्डिंग के नौजवानों का है, जिसका नेतृत्व कर रहे हैं चंदू बाबू, इफ्तेखार (हिंदी फिल्मों के पुलिस अधिकारी)। चंदू बाबू अगर किसी का मान रखते हैं, तो वो हैं शशांक बाबू। शशांक बाबू बने हैं, बंगला अभिनेता पहाड़ी सानयाल। शशांक बाबू शादीशुदा हैं, सो इस नौजवान टोली में नहीं हैं, मगर उनके मार्गदर्शक जरूर हैं। ये भी एक मजेदार पात्र है। इस प्रकार के मार्गदर्शक अपने आस-पास जरूर होते हैं। दोनों जगह मौजूद, नवजवानों में और बुजुर्गों में। हाँ तो ये समूह घुस चुका है, कैलाश बाबू के घर में। इस गड़बड़ में, कैलाश बाबू के घर में छिपे हुए दो लोग, अब इस भीड़ में शामिल हो चुके हैं, प्रदीप कुमार

और राज। गड़बड़ में चोर को अन्य कमरों में ढूँढ़ा जा रहा है। यहाँ आदमी के गुणों का बड़ा अच्छा फिल्मीकरण है। एक कमरे का दरवाजा खोला जाता है, और अब अंदर घुसने को कोई तैयार नहीं। एक-दूसरे पर बात डाली जा रही है। नेता होने के नाते इफ्तेखार घुसते हैं, और जोर से आवाज करते हुए उलटे पैर वापस। लोग पूछते हैं क्या हुआ। वो कहते हैं वो अंदर ही था उसने चाकू दिखाया मैंने डंडा घुमाया, तो वो भाग गया इस कमरे से।

अब बाकी सब अंदर जाने को प्रेरित हैं। शशांक बाबू दरवाजे पर खड़े होकर भीड़ को ललकारते हैं घुसो अंदर, डरो मत देश के जवानों। ये शॉट देखने लायक है। एक मंजे नेता की तरह शशांक बाबू, डरो मत, डरो मत, अंदर घुसो कहते जा रहे हैं, और उलटी दिशा में दरवाजे से दूर जा रहे हैं। ऐसे छोटे-छोटे शॉट बहुत कुछ कह जाते हैं हमारी सोच हमारी कार्य संस्कृति, नेतृत्व के बारे में। हाँ, आखिरकार जैसे-तैसे इस खाली कमरे में भीड़ घुसती है तो वहाँ आलमारी में लगे आदमकद शीशे में परछाई देखकर सभी हँस पड़ते हैं कि इफ्तेखार बाबू किसको डंडा दिखा आए थे। ये भी कमाल का प्रसंग है। अपनी ही परछाइयों से डरे हुए हैं हम लोग।

चलिए, कमरे की भीड़ और चोर पर आते हैं। राज और प्रदीप भीड़ का हिस्सा बन चुके हैं। दोनों एक-दूसरे की हकीकत जानते हैं मगर कह नहीं सकते हैं। दोनों को जान बचानी है। बेचारा सीधा-सादा राज प्रदीप कुमार के पीछे-पीछे लगा हुआ है, और प्रदीप उससे पीछा छुड़ाना चाह रहे हैं। चोर कहाँ गया जानने के लिए बस एक तरीका बाकी है कि समूह के सभी लोगों की पहचान कर ली जाए।

सभी को जैसे-तैसे लाइन में खड़ा कर उनकी पहचान पुख्ता की जा रही है। सब बता रहे हैं कि वो किस फ्लैट नंबर में रहते हैं। एक नौकरनुमा आदमी घबरा जाता है। वो गाँव से आया है। फ्लैट नंबर या मंजिल नंबर नहीं बता पा रहा है। उसे दो चार लप्पड़ पड़े ही हैं कि कोई उसे पहचान जाता है कि वो फलाने-फलाने के घर बच्चों के पोतड़े धोता है। हँसी-मजाक के साथ उसे छोड़ दिया जाता है। वाह री दुनिया... बोलने में थोड़ा झिझको तो धुनकर रख देती है।

अब एक क्लासिक शॉट है। बड़ा मासूम-सा सीन है, ध्यान से देखें तो मजा आ जाता है। लाइन में हो रहे परिचय में अब प्रदीप कुमार की बारी है। संभ्रांत कुल के लगते इस जेंटलमेन के पीछे राजकपूर हैं। प्रदीप हालाँकि उस फ्लैट समूह के नहीं हैं, मगर बड़े विश्वास के साथ रौबीली आवाज में 'सत्ताईस' कहकर आगे बढ़ लेते हैं। अब कैमरा राज के चेहरे पर है, दर्शकों की उत्सुकता चरम पर, उन्हें लग रहा है, मारा गया बेचारा। अब राज सामने है और उससे पूछा जाता है। फ्लैट नंबर, वो चुप, फिर पूछा जाता है फ्लैट नंबर। एक मिमयाती-सी आवाज निकलती है 'सत्ताईस'। राज को आगे किया जाता है। वो मासूम-सी आवाज में बोला गया सत्ताईस, जब भी याद करता हूँ तो चेहरे पर मुस्कान आ जाती है।

घर खाली हो रहा है। राज को समझ नहीं आता है, कहाँ जाए। यूँ ही एक के पीछे चलता चलता वो अब घुस जाता है, मार्गदर्शक शशांक बाबू के घर, जिनके घर का मुख्य दरवाजा खुला है। इधर शशांक बाबू भी नौजवानों के हल्ले-गुल्ले से परेशान होकर उन्हें घूमते रहने की सलाह देकर अपने घर में जा ही रहे हैं कि सामने के फ्लैट वाले के तिलकधारी पंडित जी (शायद मोनी चटर्जी) से मुलाकात होती है। जैसा होता है इन तिलकधारी को मामला समझना है। शशांक बाबू कहते हैं कि कुछ नहीं ये जवानी का जोश, गुलगपाड़ा है। जवान लड़के हैं, लड़कियों के चक्कर में हैं। ऐसा ही कोई लड़का किसी लड़की के चक्कर में कहीं घुस आया और चोर-चोर का हल्ला मचा हुआ है।

ये तिलकधारी बड़ी कुत्सित मुस्कान के साथ पूछते हैं 'लड़की कौन है?' ये हिंदुस्तानी अधेड़ों का मुख्य पास टाइम है। दूसरों के घर में झाँकना। वो कुत्सित मुस्कान अधिकतर देखने मिलती है हमारे आसपास, इस सवाल के साथ 'लड़की कौन है।' इस डायलॉग का फिल्म में दो तीन-बार इस्तेमाल हुआ है। और आखिर का घर और सवाल इन्हीं तिलकधारी के घर पर होता है। खैर, इन सज्जन को शशांक बाबू कोई महात्मा समझते हैं और उनसे रेस की टिप पूछते हैं। एक बार इनका तुक्का सही बैठ चुका है। कोई एक सट्टे का नंबर बताया जाता है, और एक बड़ा गेम खेलने की बात होती है। बड़े गेम का पैसा कहाँ से आए, क्योंकि शशांक बाबू कोई नौकरी, काम धंधा तो

कर नहीं रहे हैं, ससुर के भेजे पैसों से घर चल रहा है। वो अब अपने ही घर में पत्नी के गहने चुराने का प्लान करते हैं। घर में घुसते हैं, पत्नी सो रही है, धीरे से उसका हाथ पकड़ते हैं। उधर राज पलंग के पायताने है और शशांक बाबू के इरादों को सुन चुका है, और वो इन गहनों की चोरी रोकना चाहता है। वो शशांक बाबू की पत्नी मीनू (बंगला अभिनेत्री सुलोचना चटर्जी) के पैर में झाड़ू के तिनके से गुदगुदी करता है। वो कुनमुनाती है, हाथ छुड़ाती है। जैसे-तैसे शशांक एक कंगन निकालता है, और राज तिनका चुभाकर मीनू को उठा देता है। कंगन देख मीनू सब समझ जाती है। अब बर्तन भांडे की फेंका-फेंकी होती है। मजेदार सीन है ये। झगड़ते दंपती की निगाह आखिर पड़ ही जाती है, राज पर। राज भागकर बाथरूम में बंद हो जाते हैं। शोर सुनकर सब शशांक बाबू के फ्लैट में आते हैं। बाथरूम का दरवाजा तोड़कर अंदर जाते हैं, मगर खुली खिड़की देखकर अनुमान लगाया जाता है कि चोर खिड़की से भाग गया है। राज बाथरूम में एक ड्रम में चुप गए हैं। सभी लोग फिर बाहर चोर ढूँढ़ने निकाल जाते हैं। अब फिर तिलकधारी शशांक बाबू से कुत्सित मुस्कान के साथ पूछते हैं 'लड़की कौन है?' शक का कीड़ा फिर नयी लड़ाई शुरू करवा देता है उनके घर। इस बीच ड्रम, और ड्रम के अंदर छुपा राज चलता हुआ घर के बाहर बालकनी में आ जाता है।

सब चोर ढूँढ़ने निकाल चुके हैं ड्रम रखा है (अंदर बैठा राज) और फिर वही लहराती धोती और मदमस्त चाल के साथ मोतीलाल गाते हुए 'जिंदगी ख्वाब है, ख्वाब में सच है क्या और भला झूठ क्या!'

जरूर देखें ये फिल्म- 3

मोतीलाल अब इस ड्रम को कॉरीडोर में लेकर अपने फ्लैट की ओर चल पड़ते हैं। ड्रम के साथ उनके मूवमेंट देखने लायक हैं। वो मदमस्त हाव भाव, वो लहराती चाल और उस सुनसान कॉरीडोर में उनका ड्रम से संवाद करना। फ्लैट में आते हैं तो, अचानक पाते हैं कि ड्रम ने तो कपड़े पहने ही नहीं है, सो वो उसके लिए ढेर सारे कपड़े लेकर आते हैं। इस मासूम शराबी का एक संवाद है- 'अरे यार तेरा नाम नहीं मालूम, तू क्या कपड़े पहनेगा। ये ले पैंट,

शर्ट, और ये पेटीकोट ब्लाऊज जो भी है जल्दी से पहन ले।' जब वो कपड़े लेने गए हैं तब राज ड्रम से निकलकर एक आलमारी के पास छुप जाता है। अब मोतीलाल जी की सीधी-साधी पत्नी उनके लिए खाने की थाली लिए खड़ी है। वो उसे ड्रम के पास ले जाकर कहते हैं- 'ये है मेरा दोस्त जो मेरी हर बात मानता है, तुम तो कोई बात नहीं मानती हो, देखो, देखो।' फिर ड्रम से मुखातिब होकर कहते हैं- 'अरे भाई, इधर आओ।' अब ड्रम कैसे आता, राज तो निकल चुका है। अब इनका पारा चढ़ जाता है और गुस्सा होकर कहते हैं कि ये घर ही मनहूस है, तुम मनहूस हो। मेरी कोई बात नहीं मानती हो, और तो और अब ये ड्रम भी मेरी बात नहीं मान रहा है। पत्नी कहती है कि आप मेरे पति-परेश्वर हो आपकी हर बात मानती हूँ। मोतीलाल कहते हैं कि उस दिन तुमने मेरी बात क्यों नहीं मानी। पत्नी का जवाब होता है कि तुम्हारे दोस्तों के साथ बैठ शराब वगैरह पीना और वो छिछली हरकतें मैं कैसे करूँ।

खैर समझौता ये होता है कि पत्नी गाना सुनाए। उधर राज का भोला मन इस छीछालेदार को लेकर दुखी है। खैर पत्नी एक थोड़ा-सा रोमांटिक गाना सुनाती है। 'ठंडी ठंडी सावन की फुहार', दबे-छिपे शब्दों में प्रणय निवेदन का ये गाना मोतीलाल को भाता है, कई बड़े अच्छे भावों का उतार-चढ़ाव इस गाने में दिखाते हैं मोतीलाल। मगर ये शराबी गाना अच्छा लगते हुए भी अकड़ से भरा है। वो पत्नी को कोई तड़क भड़क से भरा गाना सुनने को कहता है। और जिद करता है कि वो घाघरा चोली की ड्रेस पहने। पत्नी दुविधा में पूजाघर में अपने भगवान से प्रार्थना करती है। अब राज बाहर से कमरा बंद कर देता है और हाथ में घाघरा पकड़े है कि मोतीलाल उसे खींचते हैं। नशे में वो समझते हैं कि उनकी पत्नी ही घाघरा चोली पहने है। एक हिट नंबर ग्रामफोन पर बजता है- 'मैंने जो ली अंगड़ाई... जोशबा लाई लाई।' बड़ा मजेदार चित्रण तो है गाने का, साथ-साथ एक करुणा भी है। खैर, जैसे-तैसे जान छूटती है और राज कई और कमरों में जाते हैं। इस फ्लैट का ज्यादा वर्णन इसलिए क्योंकि इसमें मोतीलाल जी की बेहतरीन अदाकारी है। महान कलाकार।

और कई फ्लैट में राज जाता है। कई काले धंधों से परदा उठता है। कई कालाबाजारी, सफेदपोशों की कलई खुलती है। पुलिस को कई केस मिल

जाते हैं।

अंत में राज का एक बड़ा-सा संवाद है, जो पीड़ा उस एक 10 मिनट वाले संवादों में है वो देखने सुनने की बात है। फिल्म का अंत होता है, नर्गिस जी पर फिल्माए गीत 'जागो मोहन प्यारे' से।

इस फिल्म को जरूर देख लें। शानदार विषयवस्तु, बढ़िया अभिनय, के. अब्बास के चुटीले संवाद। शैलेंद्र और प्रेम धवन के गीतों और सलिल चौधरी के गीतों का मजा लीजिए।

न्यूटन

सेब गिरा किसके सर ?

फिल्म न्यूटन एक डार्क कॉमेडी फिल्म है। जितने लोग थे सिनेमा हॉल में जोर-जोर से हँस रहे थे। शायद ये इस फिल्म की खूबी है कि एक बहुत बड़े और गंभीर से प्रशन को हँसते-खेलते समझाया गया है। जिसे विषय की गंभीरता और उन हालातों की जानकारी नहीं है, वो हँसेगा थोड़ा-बहुत गंभीर भी होगा और फिर अच्छी फिल्म थी यार, मजा आया कहकर आगे बढ़ लेगा। और जिसे इस समस्या के बारे में पता है वो विचलित जरूर हो जाएगा।

ये सिर्फ अच्छी हँसी वाली फिल्म नहीं, उससे कहीं ऊपर है। स्क्रीनप्ले लिखने वाले अमित मसूरकर और मयंक तिवारी को शायद पूरा श्रेय जाता है, इस फिल्म के गंभीर बिषय को छोटे-छोटे चुटीले संवादों से समझाने के लिए। और हाँ, उन्हें मँझे हुए कलाकारों का साथ भी मिला। ये अजित मसूरकर डेब्यु डाइरेक्टर तो नहीं हैं, मगर एक प्रकार से डेब्यु डाइरेक्टर ही कहूँगा क्योंकि सुलेमानी कीड़ा नामक उनकी पहली फिल्म का कोई जिक्र है ही नहीं कहीं भी। जो भी हो, वो डाइरेक्टर से ज्यादा शायद एक अच्छे स्क्रिप्ट लेखक हैं।

बस्तर को बहुत कम लोग अच्छे से जानते हैं। आदिवासी क्या है, इसका फिल्मी ज्ञान तो बड़ा विकृत है। वो पत्ते लपेटकर, झींगालाला हू हू करने वाले लोग नहीं है, आदिवासी। आदिवासी अपने में मस्त लोग हैं। उनके रीति-रिवाज अलग हैं, सोचने का तरीका अलग है। नक्सली आंदोलन का जो तड़का लगा है, उनकी जिंदगी में उसने जिंदगी की दौड़ का मजा खत्म कर दिया है। वहाँ चल रहा नक्सली आंदोलन, वहाँ मौजूद सुरक्षा बल, पुलिस सब गड्डमड्ड है। क्या सही है, क्या गलत पता ही नहीं चलता है। उच्च स्तर की समानता की

सोच, जो नक्सल आंदोलन से जुड़ी थी यहाँ शोषण और फिरौती वाले गैंग में तब्दील हो चुकी है। इन नक्सलियों में कोई पोचम्मा है, जो है आंध्र प्रदेश के एक छोटे से कस्बे का किसान, तो कोई कलकत्ता का पढ़ा लिखा बाबू चारू मजूमदार। कानून से बँधे, और कभी-कभी कानून तोड़ने वाले सुरक्षा बल भी वहाँ हैं, और साथ-साथ वो आदिवासी, जिन्होंने शोषण के साथ जीने की आदत-सी डाल ली है। सुरक्षा बल के जवान, वो भी दूर-दूर से आए लोगों का समूह है, उसमें एक आत्मा सिंह है, जो बड़ा सख्त मिजाज-सा कंपनी कमांडर है, मगर आखिरी रील में वो अपनी बीवी और बेटी के साथ किराना खरीदता दिखता है। और जब उसकी बीवी बिल ज्यादा होने पर ऑलिव ऑयल का डब्बा बाहर निकालकर कहती है कि ये अगली बार, तो ये सख्त कंपनी कमांडर अपनी बेटी की खुशी पूरी करने वाला एक मध्यमवर्गीय बाप बनकर वो डिब्बा वापस रखता है। ये सब आम आदमी क्यों बंदूकें ताने जंगलों में घूम रहे हैं, एक-दूसरे को मारते हुए? शायद सब अपना-अपना धर्म निभा रहे हैं।

अब ऐसे जटिल से लोगों के बीच, एक छोटा-सा गाँव है, जहाँ सिर्फ 76 वोटर हैं, और यह गाँव नक्सल गढ़ में है। सो अभी तक वहाँ चुनाव हुए नहीं हैं, और वहाँ चुनाव बूथ लगवाकर सरकार को सिद्ध करना है कि लोकतंत्र क्या है, और उस तक सभी की पहुँच है। सरकार की प्रतिष्ठा दाँव पर है। एक समान्य-सा सरकारी कर्मचारी, इस जगह का नाम सुनते ही हार्ट का मरीज बन जाता है, और दो घंटे में सर्टिफिकेट लाने का दावा करता है। अब चुनावी ड्यूटी के लिए हमारे आदर्शवादी हीरो, जो रिजर्व में हैं, उन्हें ये जिम्मेदारी मिल जाती है। तो न्यूटन जी, अपने पहले लोकतांत्रिक मिशन के लिए तैयार हैं।

ये न्यूटन क्या हैं? नाम का एक्सप्लेनेशन देते हुए कहते है, माँ बाप ने नाम रखा था नूतन कुमार, विचित्र लगता था सो नूतन का नू निकाल के, न्यू किया और तन को कर दिया टन। जवाब सुन रहे हैं, कलेक्टरेट के चुनाव शिक्षक जिन्हें गुरुजी कहा जाता है। ये गुरुजी बने हैं अभिनय गुरु संजय मिश्रा। सिर्फ संवादों की अदायगी और अपनी खिचड़ी दाढ़ी और लहजे से अमिट अभिनय कर जाते हैं संजय मिश्रा। एक बहुत अच्छा संवाद है। दुनियादारी सिखाते हुए गुरुजी कहते हैं कि न्यूटन बाबू आपकी ईमानदारी नहीं, ईमानदारी

का घमंड आपकी कमजोरी है। एक और संवाद है। 'जानते हैं न्यूटन का सबसे बड़ा योगदान क्या है... नहीं नहीं, वो गुरुत्वाकर्षण वगैरह नहीं। न्यूटन वो है, जिसने दुनिया में समानता दी है। ये रही पहाड़ की चोटी... और अब यहाँ से अंबानी को और इस चाय वाले को गिराओ, दोनों साथ-साथ गिरेंगे। तो न्यूटन, न्यूटन ने लाई बराबरी, ये बताकर कि गिरते दोनों साथ हैं। पहले चर्च का कानून अलग था, मंदिर का अलग, मस्जिद का अलग। मगर न्यूटन ने सबको बराबर कर दिया। और हाँ भैया, न्यूटन हो, न्यूटन बने रहो, आइंस्टाइन बनने की जरूरत नहीं है।

बड़ी-बड़ी बातें बड़ी सरलता से कह जाते हैं मिश्राजी। लोग ठहाके लगाते हैं, मगर सोचने के लिए भी मजबूर हो जाते हैं। ये संजय जी, फिल्म में दर्शकों का इंट्रेस्ट जमा देते हैं। फिल्म यहीं से हिट होना शुरू हो जाती है। अब न्यूटन बाबू, अपने दो सहायकों, लोकनाथजी (रघुवीर यादव) और एक चतुर्थ श्रेणी के अफसर (चपरासी) के साथ हेलीकॉप्टर में लाद कर, उतार दिए जाते हैं, वो उस छोटे से गाँव (शायद कोंडानार या ऐसा ही कुछ नाम था) के पास बने सशस्त्र बल के बेस कैंप के हेलीपैड पर। लोकनाथ जी का ये शायद आखिरी इलेक्शन है, क्योंकि वो अगले साल रिटायर हो रहे हैं, बस आ गए हैं, क्योंकि एलेक्शन ड्यूटी नशा है, जो हर सरकारी कर्मचारी करता है। रघुबीर यादव ने शानदार ढंग से इस पात्र को जिया है। चपरासी महोदय आए हैं, क्योंकि उन्हें हेलीकॉप्टर में चढ़ने का मौका मिला है। टीम में सिर्फ हमारे न्यूटन साहब, जो आए हैं क्योंकि वो समझते हैं कि लोकतंत्र क्या है, और लोकतंत्र में गहरी आस्था रखते हैं। चुनाव क्यों आवश्यक हैं। नियम क्या है, कर्तव्य क्या है, इन मूल्यों के लिए प्रतिबद्ध।

जीप से ले जाते हुए सशस्त्र बल का डिप्टी उन्हें इलाके की थोड़ी बहुत जानकारी देता है जो खतरनाक है।

अब आगे की कहानी खुद ही देख लीजिए। राजकुमार राव, बेशक एक अच्छे अभिनेता हैं, और पूरी फिल्म में एक स्वाभाविक अभिनय किया है। जिद्दी, आदर्शों को समर्पित नौजवान। वो झिझक और दृढ़ता दोनों भावों का मिश्रण दिखाने में कामयाब रहे हैं। शादी के लिए लड़की देखने जाते हैं।

लड़की से एक सवाल पूछते हैं कि आपकी हॉबीज क्या हैं? जवाब में फिल्म सुनकर पूछते हैं कौन-सी और 'साजन चले ससुराल' वाला जवाब सुनकर जो चेहरे के भाव हैं वो पैसा वसूल हैं। एकाध सवालों में समझ जाते हैं कि लड़की नाबालिग है। तो दृढ़ता से मना कर देते हैं। माँ-बाप से जमकर खरी-खोटी सुनते हैं, मगर टिके रहते हैं। सो ऐसे हैं हमारे न्यूटन बाबू। इस स्वभाव से जो हास्य उत्पन्न किया है, उसके लिए राजकुमार राव, संवाद लेखक दोनों बधाई के पात्र हैं। और हाँ, इस पात्र से उलझने वाले, सशस्त्र बल के कमांडेड साहब आत्मा सिंह से उनकी नोक-झोंक मजा ला देती है। अगर देखें तो ये आत्मा सिंह जी, जिसे निभाया है पंकज त्रिपाठी ने इस फिल्म को नयी ऊँचाई देते हैं। पंकज जी ने सच में इतना बढ़िया काम किया है कि उन्हें 10 में से 10 नंबर देने का मन होता है। फिल्म की जान बने हैं पंकज त्रिपाठी। ये पात्र शायद ज्यादातर ग्रे शेड में है। मगर अपने जवानों की जान की सुरक्षा के लिए वो कुछ भी कर सकता है, और करता है और यही शायद उसके और उस आदर्शवादी न्यूटन के झगड़े की वजह है।

यह फिल्म आपको जरूर देखना चाहिए। इसके संवाद चुटीले हैं, और कभी-कभी मानस को झिंझोड़ देते हैं। आदिवासी सहायिका मलको (अंजली पाटिल) द्वारा बोला ये संवाद हो 'रहने दीजिए साहब सब धीरे-धीरे ही होता है, ये जंगल बनने में भी हजारों साल लगे हैं।' या आत्मा सिंह द्वारा अपनी एसएलआर न्यूटन को देकर कहना 'वजनदार है ना, ये देश की सुरक्षा का भार है, जो हम उठाते हैं।' आदर्शवाद अच्छा लगता है, मगर उस स्थिती तक पहुँचने में बरसों लगेंगे। शुरुआत कोई न्यूटन जैसा आदमी ही करता है। कभी-कभी सीरियस सिनेमा भी देख लेना चाहिए। ऐसी फिल्मों में भी मनोरंजन और पैसा वसूल की गारंटी रहती है।

और हाँ, इस बात का जिक्र करना जरूरी है कि इस फिल्म को ऑस्कर के लिए भेजा गया है। हमारे यहाँ से ऑस्कर के लिए फिल्में भेजी जाती हैं। वो लोग अपने चश्मे से देखते हैं, और कभी-कभी कुछ दे भी देते हैं। मुझे याद पड़ता है कि मदर इंडिया भेजी गई थी, ऑस्कर में, तो वहाँ के लोगों को एक सीन समझ में नहीं आया। नर्गिस जब बाढ़ के हालात का सामना करते हुए टूट

चुकी है, और अब सुख्खी लाला के सामने खड़ी है, बच्चों के लिए दो मुट्ठी अनाज के लिए जिससे वो उनका पेट भर सके। लाला की कामुक नजरें वो पहचान रही है और करीब-करीब अपने को सौपने को तैयार है। तभी उसकी नजर माँ दुर्गा पर पड़ती है, और वो उससे शक्ति-सी पाती है और बाहर भाग आती है। वो बच्चों को जमीन से कंद निकालकर खिलाती है। ऑस्कर के जूरी ये सवाल पूछ रहे थे कि नर्गिस ने क्यों नहीं समर्पण किया, उसके बच्चों की भूख के सामने एक रात का समझौता क्या बुरा था। वो सब इस बात को समझने में असमर्थ रहे कि भारतीय नारी के लिए इज्जत के क्या मायने हैं। पता नहीं इस बार भी वो समझ पाएँगे कि आदिवासी होना क्या होता है। भारत का लोकतंत्र, चुनाव क्या है ? नक्सल समस्या के कितने आयाम हैं। भारतीय जन को समझना मुश्किल है। हम लोग कुछ अलग ही टाइप के लोग हैं।

ऑस्कर मिले-न-मिले, फिल्म देखना तो बनता है।

चलती का नाम गाड़ी

उत्कृष्ट रचना- 1

बहुत दिनों बाद टीवी पर तीन घंटे तक पूरी फिल्म देखी। वैसे कई बार पूरी और कई बार टुकड़ों में देखी थी फिल्म। फिल्म नहीं, जादू है ये। कई जीनियस जुड़े हैं फिल्म से। एक-एक गाने, एक-एक शॉट पर, कई-कई पन्ने लिखे जा सकते हैं। है तो ये एक कॉमेडी फिल्म, मगर कौन-सा पहलू नहीं छूती है यह फिल्म। दर्शन तो शीर्षक में ही है। कबीरदास जी का प्रसिद्ध दोहा है ये, 'रंगी को नारंगी कहें, बने दूध को खोया, चलती को गाड़ी कहें, देख कबीरा रोया।' ये उलटबाँसी है। जिसमें रंग है वो नारंगी कही जा रही है। दूध जो औटाया गया है, बनाया गया है, उसे खोया घोषित किया जा रहा है, जो चल रही है उसे गाड़ी कह रहे हैं। कबीरदास रोएँ नहीं तो क्या करें?

फिल्म की शुरुआत ही इस गाने से होती है- 'बाबू समझो इशारे, हॉरन पुकारे पम, पम, पम।' गाड़ी नंबर CPV 65, जिसका नाम चैंपियन है, वो स्टार्ट नहीं हो रही है। और तीनों भाइयों (बृजमोहन, जगमोहन और मनमोहन शर्मा) के बहस का मुद्दा है कि ऐसी गाड़ी जिसका तेल पानी, बैटरी सब ठीक है, वो स्टार्ट क्यों नहीं हो रही है। इसका एक ही कारण हो सकता है, वो ये कि तीनों में से किसी ने सुबह-सुबह किसी लड़की या औरत की शक्ल देखी है। दूर एक कन्या इन तीनों को देख रही है, और जब ये तीनों उस कन्या को देखते हैं, तो उसे भगाते हैं, और गाड़ी शुरू हो जाती है। साथ-ही-साथ ये गाना भी। हँसी-मजाक मगर गहरे संदेशों से भरा। चलती का नाम गाड़ी, वाक्यांश ही इतना बड़ा संदेश है, इस विचित्र दुनिया के स्वभाव का। आगे गाने में ही कई संदेश हैं, हर अंतरे में है। 'सौ बातों की एक बात यही है, क्या भला तो क्या बुरा, कामयाबी में जिंदगी है... इतनी-सी बात न समझा जमाना,

आदमी जो चलता रहे तो मिल जाए हर खजाना... बंद मुट्ठी लाख की, खुल गई तो प्यारे खाक की।'

मजरूह सुल्तानपुरी के बोल हैं और संगीतबद्ध किया है, महान सचिन देव बर्मन साहब ने। गाया है मन्ना डे और किशोर कुमार ने। गाने पर तीनों भाइयों, अशोक, अनूप और किशोर कुमार ने अभिनय किया है। अनूप कुमार गाने में एक कॉमिक टच लाते हैं जब अनुनासिक स्वरों में 'आड़ी-तिरछी चालाँ-चालाँ आके झूम, गाड़ी तिरछी चालाँ-चालाँ आके झूम' गाते हैं और फिर किशोर उसे फिर ओरिजिनल टेम्पो पर लाते हैं। आड़ी चला-चला के झूम तिरछी चला-चला के झूम और गाना आगे बढ़ाते हैं।

मतलब गाना सुनने और देखने दोनों में मजा देता है। इस गाने से फिल्म का टोन सेट होता है। बड़े भाई अशोक कुमार का दर्जा करीब-करीब पिता के बराबर है, दोनों भाइयों की नजर में। बड़े भाई बॉक्सर हैं और नारियल जैसे हैं, बाहर से सख्त, मगर अंदर से कोमल और मीठे। मँझले भाई अनूप कुमार। अनूप कुमार पर कुछ जरूर कहना चाहूँगा। दोनों भाइयों अशोक और किशोर की तुलना में नाक नक्श से कमजोर रहे और इसी कारण अभिनय में ज्यादा मौके नहीं मिले। अशोक कुमार बतौर हीरो जम चुके थे, और अपने सुंदर मासूम चेहरे और बेहतरीन अभिनय प्रतिभा से लोगों के दिलों पर राज कर रहे थे। वहीं किशोर कुमार अपनी अभिनय और गीत संगीत प्रतिभा के बल पर लोकप्रिय हुए।

तीनों भाइयों में अनूप कुमार की कॉमिक टाइमिंग कमाल की थी, और वो इस फिल्म में दिखती है। अपेक्षाकृत कम प्रसिद्ध, अनूप कुमार इस फिल्म में हम जैसे कई लोगों के लिए जीनियस नंबर एक का खिताब लेते हैं। सोचकर देखें, इस फिल्म में अशोक कुमार का रोल मुखिया का है, ये एक स्थायित्व देने वाला पात्र है, किशोर कुमार हीरो हैं जो रोमांस कर रहे हैं, गाना गा रहे हैं। बड़ा भाई नारियल-सा सख्त मगर कोमल है, छोटा रोमांटिक है, गाना गाता है, अच्छा मेकेनिक है। मगर मंझला भाई क्या है। लड़की से बात करने से डरता है, वो बड़े भाई से डरता है। तीनों भाइयों के विवाद में छोटे भाई का पक्ष लेता है, मगर ऐन वक्त पर पीछे भी हट जाता है। वो छोटे भाई को मनाते हुए

कहता भी है कि 'देख मन्नू मैं तुझे बहुत चाहता हूँ, मगर बड़े भैया के सामने मेरी बोलती बंद हो जाती है।' तो ऐसा साधारण-सा स्मालर दैन लाइफ पात्र निभाना और उसे इस कदर निभाना कि फिल्म के अंत में लोगों की जुबान पर ये वाक्यांश आ जाए 'प्रश्न ये उठता है।' अनूप कुमार जी के हम तो मुरीद हो गए थे। एक जगह वो किशोर कुमार को फँसाते हैं टॉस करके 'चित मैं जीता, पट तुम हारे।' बहुत दिनों तक हम लोगों ने टॉस में इस तकनीक का इस्तेमाल किया था।

अनूप कुमार की वो झिझकी-झिझकी-सी चाल, वो अटक-अटककर बोलना, मजा आ गया। 'हम थे वो थे और समा रंगीन, समझ गए ना, जाते थे जापान पहुँच गए चीन...' इस गाने में अनूप कुमार अपने लिए जुगाड़ तलाशते हुए जब कहते हैं कि 'मन्नू तेरा हुआ अब मेरा क्या होगा', तब दिल आ जाता है इस मासूमियत पर। कॉलेज में जब भी कोई लड़का अपने किसी जमते से प्रेम प्रसंग के बारे में बात करता था, तब हम सब का यही कोरस हुआ करता था 'मन्नू तेरा हुआ अब मेरा क्या होगा।' दोनों भाइयों से एक्कीस ही रहे अनूप। इस अनसंग हीरो को सलाम!

उत्कृष्ट रचना- 2

तीनों भाई जिस गैराज को चलाते हैं, उसका नाम शायद स्टार गैराज था। इसमें एक और पात्र है। हर गैराज में पाए जाने वाला छोटू। ये छोटू ऑर्डर लेने वाली अंतिम कड़ी हुआ करते हैं। बड़े भाई कहते हैं इस तस्वीर को मोबिल डाला के जला दे, मँझले से, मँझले कहता है छोटे से। आखिर में छोटू को छोटा भाई कहता है इस तस्वीर को मोबिल आयल... फुस्स। तो ये जो छोटू है, उसका नाम था मौजिया। जैसा नाम उसी प्रकार से जिया है इस पात्र को मोहन चोटी ने। मोहन चोटी का गैराज में अकेले किया गया बाल डांस, और वो 'तारा री तारा री तारा री...' हम लोगों में बहुत हिट था। जब भी मौज में आते तो 'तारा री तारा री तारा री' करते हुए मोहन चोटी की नकल में डांस स्टेप लिया करते थे। मोहन चोटी से जब गैराज में लगी लड़की की तस्वीर के बारे में जब पूछा जाता है कि ये तस्वीर कहाँ से आई तब वो बड़े उत्साह से

बताता है (ये जाने बिना कि बड़े भैया गुस्से में हैं) कि एक 'सीमिंग कास्टूम' वाली फोटो और भी है। इस सीन में दर्शकों की हँसी रुकती नहीं है। स्विमिंग कास्ट्यूम को सीमिंग कास्टूम बोलना भी शुरू कर दिया था हम लोगों ने। मोहन चोटी के ऐसे छोटे-छोटे कमाल फिल्म में देखने को मिलते हैं।

चलिए आते हैं इस फिल्म के एक बेसिमल गाने पर। रात का समय है, मनमोहन (किशोर) गैराज में नाइट ड्यूटी पर हैं। एक भीगी-भागी-सी लड़की अपनी गाड़ी ठीक कराने आती है। और ये गाना वाह-वाह क्या गाना है। वो पाने, पेचकस और स्पार्क प्लग की टकराहट से पैदा की गई धुन, सुभान अल्लाह। सुमधुर धुन, चटपटे बोल, मधुबाला का असीमित सौंदर्य और किशोर साहब का मस्ती भरा डांस। शायद इन चार दशकों के सभी लोगों के पसंदीदा रोमांटिक गानों में से एक है ये गाना। गाड़ी ठीक तो हो जाती है, मगर इस छेड़छाड़ के बीच शायद एक-दूसरे के लिए लगाव पैदा हो जाता है। बिना पैसे दिए मोहतरमा चली जाती हैं और दूसरे दिन जब ये घटना बड़े भैया को पता चलती है तो 'लड़की की गाड़ी ठीक की वो इमरजेंसी में चलता है, मगर पैसे नहीं लेना ये सरासर गलत है, मन्नू पैसे वसूल कर के आओ।' कितने का बिल भाई 'पाँच रुपया बारा आना।' पाँच रुपया बारा आना के बारे में कोई एक कहानी कही जाती है कि ये संख्या कैसे आई। खैर उसे छोड़ें। पाँच रुपया बारा आना इस शब्द को लेकर एक अद्‌भुत गीत रच दिया मजरूह साहब ने। ये एक स्वप्न गीत है। किशोर कुमार, मधुबाला के थियेटर शो में पैसा वसूलने जाते हैं। मगर अंदर घुस नहीं पाने के कारण उनकी गाड़ी में सो जाते हैं और ख्वाबों-खयालों में ये गीत होता है।

हसीना रिझा रही है 'मैं सितारों का तराना, मैं बहारों का फसाना, ले के एक अंगड़ाई डाल नजर बन जा दीवाना', लेकिन हीरो को चाहिए उसके पैसे, सो वो कहता है 'रूप का तुम हो खजाना, तुम हो मेरी जाँ ये माना... लेकिन पहले दे दो मेरा पाँच रुपया बारा आना... पाँच रुपया बारा आना, मारेगा भैया ना ना ना ना आआ...' अगले कई अंतरों में हीरोइन उसे प्यार मुहब्बत, हुस्न की दुहाइयाँ देकर अपनी ओर आकर्षित करती है। मगर हीरो कहता है कि 'तेरे लिए मजनूँ बन सकता हूँ लैला लैला कर सकता हूँ, मगर पहले दे दो मेरा मेरा

पाँच रुपया बारा आना।' एक और अंतरे में वो ये भी कहता है कि 'गीत सुना सकता हूँ दादरा, गिनकर पूरे बारा मात्रा, चाहे नमूना देख लो... मगर लौटा दो मेरा मेरा पाँच रुपया बारा आना...'

इस गाने में किशोर कुमार ने गायिकी और अदाकारी दोनों में कमाल किया है। क्या स्वरों से खेले हैं, क्या भाव भंगिमाएँ बनाई हैं। वाह-वाह ही निकलता है। और मधुबाला, मत पूछिए साहब, क्या हुस्न है। 'डाल नजर बन जा दीवाना' कहकर वो एक होंठ टेढ़ा कर मुस्काना, जिससे बायाँ गाल हल्का-सा ऊपर उठ जाता था। मारक थी वो अदा। पता नहीं कितनी आहें भरी गई होंगी इस अदा पर।

खैर इस गाने से, कुछ गलतफहमियों के बाद कहानी आगे बढ़ती है। रोमांस शुरू होता है। और फिर एक शानदार गाना होता है। 'हाल कैसा है जनाब का, क्या खयाल है आप का, हम तो मचल गए हो हो हो, यूँ ही फिसल गए आहा हा।' बातचीत से भरा ये गीत बहुत ही कर्णप्रिय है। प्रेमी-प्रेमिकाओं में बहुत लोकप्रिय हुआ। कोई भी बात की शुरुआत ऐसे ही होती थी। हाल कैसा है जनाब का... क्या खयाल है आपका।

आगे की कहानी के पहले जीनियस नंबर दो की बात करें। दूसरे जीनियस रहे हैं, फिल्म के अशोक कुमार। एक सख्त मगर जज्बाती भाई। एक डायलॉग है जब वो मधुबाला को किशोर से दूर रखने की कोशिश कर रहे हैं। 'वो भोला-भाला है, उसे दुनिया की समझ नहीं, उसे ये नहीं मालूम की अच्छा क्या है बुरा क्या... बैठ जाओ... मैं मन्नू की बात कर रहा हूँ।' एक बड़े डायलॉग में वो कई बार बीच में... मैं मन्नू की बात कर रहा हूँ... ये नया-सा अंदाज था। काफी मिमिक्री आर्टिस्टों ने अशोक कुमार की नकल करने में इस संवाद का उपयोग किया है। अशोक कुमार एक संजीदा व्यक्तित्व थे। एक रोमांटिक और स्टाइलिश हीरो के तौर पर जाने जाते थे। इस फिल्म में एक कड़क भाई बने हैं, और इसी पात्र के द्वारा कॉमेडी पैदा करते हैं। उनका अनूप कुमार को डपटना, हर बार सभी के होठों पर हँसी ला ही देता है। उसके बाद बढ़ती का नाम दाढ़ी आदि फिल्मों में भी कॉमेडी की। मगर कॉमेडी वाले रोल में सबसे बढ़िया लगे करीब 40 साल बाद आई 'विक्टोरिया नंबर 203' में।

उत्कृष्ट रचना - 3

तो अब मधुबाला और किशोर कुमार की मुलाकातें शुरू हो चुकी हैं। इसी बीच मधुबाला के पिता उनकी शादी के लिए लड़का देखना शुरू कर रहे हैं। उनकी बेटी के लिए एक राजा साहब हरदयाल सिंह (केएन सिंह) अपने छोटे भाई चंद्रकांत (सज्जन) का रिश्ता लेकर आते हैं। रेणु (मधुबाला) बस यूँ ही अपने आशिक मन्नू को चिढ़ाने की खातिर इस राजा भाई से मिलना स्वीकार कर लेती है। इधर ये राजा साहब हैं तो राजा, मगर एक काले अतीत के साथ हैं। इनका काम अपनी जवानी में रईस सेठों की इकलौती बेटियों को फाँसना, उनसे शादी करके अपने ससुर की मौत का इंतजाम करना, और फिर तमाम जायदाद पर कब्जा करना है। कुछ शॉट्स में ये पता लगता है कि बृजमोहन की माशूका कामिनी (वीणा) को छीनने का काम इन्हीं राजा साहब ने किया है। कामिनी को जबर्दस्ती कैद कर, उसके पिता का खून कर, और कामिनी को पागल करार देकर कैद कर रखा है। कामिनी को किसी तरह राजा साहब की हकीकत पता हो गई है, अतः वो मन और शरीर से राजा साहब की नहीं है, मगर उनकी कैद में है और अपनी जायदाद गँवा चुकी हैं। खैर अब चूँकि राजा साहब अधेड़ हो चुके हैं, मगर रेणु के पिता की जायदाद हड़प करने के लिए अपने प्यादे चंद्रकांत को अपना छोटा भाई बनाकर पेश कर रहे हैं।

इन सज्जन को कार रेस का शौक है, और इस बार की कार रेस के लिए वो रेणु को बुलाते हैं। इस कार रेस में अपने मन्नू शर्मा भी अपनी चैंपियन के साथ आने वाले हैं। ये कार रेस होती है और मन्नू जीत जाते हैं। वहाँ रेणु अपने छोटे राजा साहब से मन्नू की मुलाकात करवाती हैं। मन्नू रेणु को कोने में ले जाकर यह बताता है कि उस दिन जब वो अपने पाँच रुपये बारा आने वसूल करने के लिए रेणु के घर में घुस आया था, और उसे चोर समझ लिया गया था और वो वहाँ से जब भागा था, तब उसने इस राजा साहब को एक आदमी की लाश फेंकते हुए देखा था। अब मधुबाला और किशोर कुमार फैसला लेते हैं कि अब वो सीआईडी बनकर इस राजा साहब का पीछा करेंगे।

तो साहब ये पीछा करने आदि में गुंडों के अड्डे का पता चलता है। बड़े

भैया अपने बॉक्सिंग से गुंडों की पिटाई करते हैं, और अंत में दुर्जनों का नाश, और प्रेमी प्रेमिकाओं का मिलन... 'मन्नू तेरा हुआ अब मेरा क्या होगा' वाले सवाल का जवाब मिल जाता है। चैंपियन पर तीन जोड़ियाँ आखिरी शॉट में गाना गाते दिखती हैं।

अब थोड़ी-सी बात जीनियस नंबर तीन और चार की हो जाए। जीनियस नंबर तीन हैं किशोर दादा। क्या नहीं था इस आदमी की झोली में। कॉमेडी बोलो तो सरताज हैं, दूर गगन की छाँव में ट्रेजेडी थी। गाना गाने में महारत, कौन से रंग का, कौन से मूड का गाना नहीं गाया ? संगीत भी दिया। एक संपूर्ण कलाकार। चौथी जीनियस थीं मधुबाला। आह, वो अप्रतिम सौंदर्य... सौंदर्य की देवी वीनस। वो दिलकश मुस्कान, वो मादक अदाएँ, वो आवाज। सिर्फ देखने से कलेजे में ठंडक आ जाती थी। फिर एक्टिंग करने की क्या जरूरत थी। मगर नहीं, एक्टिंग में भी नंबर वन। मुगल-ए-आजम की अनारकली कोई कैसे भूल सकता है।

इस फिल्म में वो जब भी किशोर कुमार को मन्नू कहकर बुलाती थी तो उस मादक अंदाज, उस लरजती आवाज और मुस्कान की कसम, जिंदगी भर अफसोस रहेगा कि हमारा नाम मन्नू क्यों ना हुआ।

जीनियस की लिस्ट में पाँचवे नंबर पर आते हैं, वो तमाम कलाकार जिन्होंने सुमधुर गाने दिए। वो हैं गीतकार मजरूह सुल्तानपुरी, महान संगीतकार सचिन देव बर्मन साहब, गायक-गायिका, मन्ना डे, किशोर कुमार, आशा भोंसले और सुधा मल्होत्रा। इन सबने आठ कर्णप्रिय गाने दिए।

तो ये थे पाँच- जीनियस या पाँच रुपये... बाकी बारा आने में थे, केएन सिंह, वो कातिलाना मुस्कान वो ठंडी आवाज। विलेन नंबर वन थे अपने जमाने के, फिर सज्जन (राजा साहब के भाई की भूमिका), मोहन चोटी (गैरेज असिस्टेंट, मौजिया), वीणा (अशोक कुमार की प्रेमिका का रोल), साहिरा (अनूप कुमार की प्रेमिका, मधुबाला की सहेली) और दो नर्तकियाँ हेलेन और कुक्कु।

कई सालों में एक फिल्म बनती है 'चलती का नाम गाड़ी'।

लिपिस्टिक अंडर माय बुर्का

डिजायर और ड्रीम

यह एक अजीब-सी फिल्म है। एक्सपेरिमेंटल यानी प्रयोग सिनेमा। ये एक बहाव, एक किस्सा, संदेश, शुरुआत और अंत वाले फ्रेम में बंधा सिनेमा नहीं है। ये है समय का एक टुकड़ा, एक शहर के एक मध्यमवर्गीय इलाके के आम लोगों की कहानी। आम लोगों की जगह आम औरतों की कहानी। ये वो औरतें नहीं हैं, जो हमें टेलीविजन या बड़ी-बड़ी फिल्मों में दिखती हैं, ना ये वो औरतें हैं जो तथाकथित कला फिल्मों में दिखती हैं। ये उन औरतों की कहानी है, जिनके बारे में ज्यादा नहीं जानते हैं, बस हम आस-पास देखते हैं, थोड़ा बहुत सुनते हैं। उनके सोचने के ढंग, उनकी इच्छाओं, उनके सपनों के बारे में तो हरगिज ही नहीं जानते हैं। कुछ कथाकारों ने उठाएँ हैं ये विषय, मगर ज्यादातर पहलू लोगों ने देखे या सुने नहीं, या ध्यान नहीं दिया होगा।

चार महिलाएँ हैं, अलग-अलग उम्र की। उन सभी की कुछ चाहतें हैं, इच्छाएँ हैं, कुछ सपने हैं, कुछ ख्वाब हैं। इन इच्छाओं को, इन ख्वाबों को इजाजत नहीं है उस जगह जिस जगह से वो आते हैं। फिर भी एक अनवरत कोशिश जारी है, उस निषिद्ध फल को पाने की। छुपकर, झूठ बोलकर, कुछ भी करके वो उस ख्वाब को हकीकत में बदलने की कोशिश में लगी हुई हैं ये चारों।

अलंकृता श्रीवास्तव की यह करीब-करीब पहली फीचर फिल्म है। पता नहीं क्यों, ये नये नवेले निर्देशक एक कमाल-सा कर जाते हैं, अपनी पहली फिल्म में। मैंने तो इन दो सालों में डेब्यु डाइरेक्टरों का कमाल ही देखा है। अलंकृता श्रीवास्तव ने दिया है, शानदार निर्देशन और कहानी या स्क्रीनप्ले।

फिल्म को थोड़ा उलझाया-सा रखा है, मगर तारतम्य जुड़ा हुआ है। पूरे समय उत्सुकता बनी रहती है। प्रकाश झा की असिस्टेंट हैं अलंकृता, और उन्होंने झा साहब द्वारा तकरीबन गोद लिए शहर भोपाल की कहानी कही है, (प्रकाश झा की पिछली कई फिल्में भोपाल में ही शूट हुई हैं)।

चार महिलाओं में सबसे उम्रदराज हैं, उषा देवी उर्फ बुआजी। पुरानी मंजिल या ऐसे ही किसी नाम वाली एक पुरानी हवेली की मालकिन। गैस त्रासदी में अपने पति और परिवार के कई लोगों को खो चुकी हैं। इस हवेली को एक बिल्डर खरीदकर मॉल बनाना चाहता है। मगर बुआजी को ये मंजूर नहीं, क्योंकि ना सिर्फ उनके अपनों की यादें जुड़ी हैं, बल्कि अभी रह रहे करीब 20 लोगों की सर पर एक छत का भी सवाल है। रहने वालों में तकरीबन 10 उनके किराएदार हैं, तो बाकी रिश्तेदार। या यूँ कहें सारे रिश्तेदार बन चुके हैं। दो मुस्लिम परिवार भी, जो इस गंगा-जमुनी तहजीब के हिस्से हैं। इतनी नैतिक स्टैंड लेनी वाली बुआजी की जिंदगी का एक छोटा-सा अनैतिक हिस्सा भी है। वो खोई हुई हैं उन दबी इच्छाओं की तलाश में, जिन्हें समाज इजाजत नहीं देता है, विधवा के तौर पर। ये यौन कुंठाएँ बन रही हैं उन तमाम लुगदी वाली किताबों से, जो चोरी छुपे बिकती हैं फूटपाथ पर। ये किताबें एक फैनटसी परोस रही हैं। समाज का एक हिस्सा है जो पसंद करता है इन किताबों को। वर्जित फल है। खैर जो भी हो, बुआजी इन किताबों से मिसलीड होकर एक कल्पना लोक का निर्माण करती हैं, और एक तरफा इश्क-सा करती हैं अपने नौजवान तैराकी प्रशिक्षक से।

दूसरी हैं इसी हवेली की लीला। इनके सपने बड़े हैं। ये इस शहर से दूर एक मुकाम बनाना चाहती हैं, अपने फोटोग्राफर दोस्त और प्रेमी के साथ। उनकी माँ इनकी शादी तो तय कर देती हैं, मगर ये हैं कि खिची चली जा रही हैं, अपने सपने के पीछे।

फिर हैं, शीरीन असलम। इनके पति सऊदी से आते जाते रहते हैं, और इन्हें हर बार एक बच्चे का तोहफा दे जाते हैं। शादी में बलात्कार इनकी नियति है। एक बहुत अच्छी कम्यूनिकेटर हैं। गंजे को भी कंघी बेच दें ऐसी सेल्सपर्सन। मगर पति से छुपाकर ये शौक पूरा कर रही हैं। सेल्स ट्रेनर बनाती

है कंपनी इनको, मगर पति से कहने की हिम्मत नहीं।

सबसे छोटी हैं रेहाना आबिदी, इस हवेली में रहता है एक मुस्लिम परिवार, जो बुर्का सीकर अपनी रोजी कमाता है, उनकी बेटी। कॉलेज जाने वाली ये लड़की है माँ बाप का सपना। वो चाहते हैं कि अच्छे पढ़-लिखकर कुछ बनेगी। मगर इसे पसंद है, संगीत। वो गाना चाहती है, वेस्टर्न गाने। एक बैंड जॉइन करना चाहती है। वो नाइटलाइफ जीना चाहती है, साथ-साथ घूमना फिरना चाहती है, लड़के-लड़कियों के झुंड में। घर से बुर्का पहनकर निकलती है, मगर सुलभ शौचालय में से निकलती है जींस और टॉप में।

फिल्म इन सब के संघर्ष के साथ चल रही होती है कि अचानक अंत दिखना शुरू। अपनी-अपनी इच्छाओं और सपनों के करीब हैं ये तीनों कि अचानक सब धरातल पर पटक दी जाती हैं। सपने चूर-चूर। अखिर में चारों एक साथ आती हैं... और फिल्म के अंत में एक संभावना-सी जागती है कि शायद ये चारों मिलकर एक समूह बनाकर लड़ाई शुरू कर दें।

फिल्म की कहानी कोई बहुत कसी हुई, या संदेशात्मक नहीं है। ये फिल्म कोई एक प्लॉट या स्टोरी लाइन के फॉर्मेट में बनी फिल्म नहीं है। इसका विषय, फिल्मांकन, कलाकारों का अभिनय इसे अच्छी फिल्म बनाते हैं। कुछ बातों को कहने के लिए, कहानी में निरंतरता लाने के लिए कुछ एक दृश्य, कुछ संवाद बोल्ड हैं। ये अश्लील या नग्नता से भरपूर हों ऐसा भी नहीं है, मगर एक सच्चाई है जो कहने से लोग कतराते हैं। एक वास्तविकता है, जिससे कम ही लोगों का सामना हुआ है। कैसे दबे हुए माहौल में भी ऐसे सपने देखे जा सके हैं, ये बात हजम नहीं होती है। ये भावनाओं का आवेग शायद बहुतों को पचा नहीं, अतः कई दिन तक ये फिल्म रिलीज नहीं हुई।

रत्ना पाठक, उषा बुआजी के रोल में पूरी फिल्म अपने कंधों पर उठाए हैं। बड़ा निगेटिव-सा लगता है ये किरदार, मगर प्यारा भी लगता है। उनकी उम्र से इतर उनकी हरकतों को माफ करने को जी चाहता है, शायद ये भी महसूस होता है कि क्यों नहीं? क्यों नहीं उनकी इन भावनाओं को समझा जाए। क्या उनका हक नहीं शरीर और मन की इस माँग पर? साठ साल की हैं रत्ना जी। ये रोल चुनने और निभाने के लिए साधुवाद। इसी तरह कोंकणा

एक बड़ा नाम है, और उन्होंने दबी कुचली, शादी में भी बलात्कार झेलती बुरकानशीं महिला का रोल शानदार किया है। एक बिंदास और महत्त्वाकांक्षी लड़की लीला के रोल को अहाना कुमरा ने अच्छे से निभाया है। कॉलेज की लड़की जिसके कुछ सपने हैं, ऐसी लड़की रेहाना आबिदी बनी हैं प्लबिता बोरठाकुर। ये नया चेहरा उम्मीद जगाता है। सुशांत सिंह (रशीद असलम) एक क्रूर पति लगे हैं, बेहतरीन अदाकार हैं ही वो। सबसे भले लगे लीला के होने वाले पति के रोल में वैभव तत्ववादी। फिल्म के इंटेंस क्षणों को हल्का-फुल्का बना गया है ये पात्र।

विवादास्पद विषय और सीरियस सिनेमा पसंद हो तो देख आएँ। अपनी सोच, परवरिश, दृष्टिकोण अलग रखिए और देखिए कुछ अलग से लोग। ये भी हैं और इनके भी कुछ सपने हैं, कुछ भावनाएँ हैं। गलत-सही कुछ नहीं है। बस है सही ये अस्तित्व... ये अस्तित्व जो बना है कई तरह के लोगों से, कई तरह की सोचों से।

मसान

बनारस के घाट-सी... समझ में आई फिर भी अबूझ!

बाहुबली, बजरंगी भाई जान, ये सब फिल्मों के लिए कुछ भी लिखने का कोई फर्क नहीं पड़ता है। लोग देखने तो जाएँगे ही। तो सोचा कोई और फिल्म देखी जाए। मसान को अंतर्राष्ट्रीय मंचों पर मिली तारीफ के चर्चे सुने सो देखने चला गया। आम तौर पर ऐसी अवॉर्ड विनिंग फिल्मों में, बोझिलता एक आम बीमारी है। पर मसान एक अद्‌भुत फिल्म लगी। वाराणसी नगरी की कहानी है, जो प्रयाग पर खत्म होती है... गंगा जी की तरह बहती हुई। एक अथाह गहराई लिए।

फिल्म की शुरुआत होती है तो समझ में नहीं आता है कि क्या हो क्या रहा है ? देवी पाठक (रिचा चड्‌ढा), अपने लैप टॉप पर कुछ प्रतिबंधित क्लिप देख रही हैं, अचानक उठती हैं- वो पब्लिक टाइलेट में जाना, वो ड्रेस बदलना, फिर लॉन्ग शॉट में, बैग हाऊस पर वो एक लड़के के साथ खड़ी है। दोनों अगले शॉट में एक सस्ते लॉज में कमरा लेते दिखाए जाते हैं... ओह तो ये बात है। आपको समझ में आता है। इस प्रारंभिक विजुएल को इसलिए लिखा क्योंकि इस फिल्म के विजुएल बहुत कुछ कहते हैं। बनारस के कई पहलू हैं जो इन्हीं विजुअल से कहे गए हैं, बस समझने वाली नजर चाहिए।

हाँ, तो एक जवान जोड़ा अपनी जिज्ञासा शांत करने में लगा है और इस बीच समाज, कानून उनके बीच में आता है। पुलिस दरवाजा खटखटाती है और दोनों को आपत्तिजनक अवस्था में पकड़ती है। पुलिस इंस्पेक्टर का ध्यान कानून से ज्यादा वीडियो बनाने में है। लड़का दहशत में आकर बाथरूम में घुस जाता है और कलाई काटकर आत्महत्या का प्रयास करता है। पुलिस

बर्बर और निरंकुश दिखाई गई है, और उस प्रदेश की हकीकत भी यही है। अब पुलिस इंस्पेक्टर के हाथ में एक अस्त्र आ जाता है और वो पूरी शिद्दत से एक भ्रष्ट पुलिसिए की तरह मौके का फायदा उठाता है और 3 लाख रुपये के बदले मामला रफा-दफा करने का प्रस्ताव रखता है, नहीं तो वीडियो यूट्यूब पर डालने की चेतावनी देता है। देवी के पिता विद्याधर पाठक (संजय मिश्रा), एक संस्कृत अध्यापक रह चुके हैं जो बनारस के घाट पर पंडिताई करते हैं, इस इंस्पेक्टर की शर्त मान लेते हैं। देवी एक गिल्ट में जीती है, अपने बॉयफ्रेंड की खुदकशी, बदनामी, और होती है नौकरी अदला-बदली इस वजह से। पाठक जी के पास उनका एक नन्हा एजेंट है, जो उन्हें ग्राहक लाकर देता है। इस नन्हें बच्चे झोंटा (निखिल साहनी) का किरदार मन को छू जाता है। फिल्म खत्म होने के बाद भी लगता है की काश इस बच्चे के बारे में हम ज्यादा जानते। बनारस के घाटों की असलियत हैं ऐसे सेल्फ एम्प्लॉएड बच्चे। थोड़े से मगरूर, मगर अपने काम और मालिक के लिए भावनात्मक रिश्ता रखने वाले। ये पैसे चुकाने की मुहिम एक तरफ चल रही है, और दूसरी ओर इसी बनारस में एक समानांतर प्रेम कथा चल रही है। दीपक चौधरी (विकी कौशल), जन्म से एक डोम परिवार के हैं और उनका खानदान बनारस के घाट पर मुर्दे फूँकने के काम में लगा है। दीपक ये काम भी कर रहा है साथ-साथ सिविल इंजीनियरिंग की पढ़ाई भी कर रहा है। इश्क इन्हें हो जाता है शालू गुप्ता (श्वेता त्रिपाठी) से, जो उच्चवर्गीय हैं, एक शानदार साहित्यिक समझ है, गालिब-फैज के नाम यूँ लेती हैं, मगर हमारे हीरो साहब साहित्य का स भी नहीं जानते हैं।

खैर इश्क परवान चढ़ता है। लड़की इनके जात के लिए तैयार है और इनके साथ भागकर शादी का भी प्रोग्राम बना लेती है, लड़के की नौकरी के बाद। तीर्थयात्रा की बस पलटती है जिसमें ये लड़की है। दीपक ही उसकी लाश को जलाता है। एक दुखद शुरुआत होती है। दो असफल प्रेमी आखिरी सीन में प्रयाग के तट पर बैठे जहाँ पानी पीने के बहाने बात होती है, दोनों एक नाव में सवार होकर संगम की ओर जाते हैं और फिल्म खत्म होती है, दर्शक उंसास लेते हुए कल्पना करते हैं कि ये दो बेचारे एक हो जाएँ तो अच्छा।

यह फिल्म जरूर देखें। निर्देशक, लेखक नीरज घेयवान के लिए, संजय मिश्रा के शानदार अभिनय के लिए देखें। दोनों को दस में से दस नंबर। नये कलाकार में श्वेता त्रिपाठी, विक्की कौशल अपनी मासूमियत और सधी एक्टिंग से प्रभावित करते हैं। पंकज त्रिपाठी को कई फिल्मों में देखा है, यहाँ भी एक सीधे-सादे टिकट बाबू के रूप में प्रभावित कर लेते हैं, रोल छोटा ही सही मगर अच्छे लगे वो। भगवान तिवारी एकदम पुलिस वाले लगे हैं। अगर कहूँ कि हर पात्र, हर सीन वास्तविक हैं तो कहीं भी आप ये नहीं कह सकते कि ऐसे लोग, ऐसी परिस्थितियाँ, उस बनारस में नहीं हैं। रिचा चड्ढा ज्यादा सही नहीं लगीं, शायद उनका परसोना फिल्म से बड़ा हो गया है।

नन्हा निखिल साहनी एक मुस्कान, एक चिंता ले आता है चेहरे पर। जरूर देखिए, ये फिल्म। गंगा की धार-सी बहती फिल्म, अथाह गहराई और अनेक अर्थ लिए। कई शॉट यूँ ही मन को छू लेते हैं। कहानी में उनकी ज्यादा जगह नहीं मगर लगता है कि कहीं बहुत कुछ अनकहा है फिल्म में, जो पकड़ना चाहे पकड़ ले। एक सीन में पुलिस इंस्पेक्टर भगवान तिवारी, संजय मिश्रा की छपरिया पर बैठे हैं, घूस की अंतिम किश्त लेने। तब इंस्पेक्टर की एक दस ग्यारह साल की लड़की आती है, और कहती है- 'पापा चलें।' संजय मिश्रा तब उसे एक अजीब-सी निगाह से देखते हैं और फिर इंस्पेक्टर की ओर। इंस्पेक्टर नजरें चुराकर वहाँ से चल देता है। इस शॉट में मानो निर्देशक ये कहना चाहता है कि बेटी एक और भी और एक और बाप भी है, देखो उसे क्या-क्या समझौते करने पड़ेंगे। उसी तरह जब दीपक की प्रेमिका मर जाती है और वो अपने दोस्तों के साथ दारू पीता हुआ उसे याद करते करते फूट-फूटकर रोने लगता है, और दोस्त उसे सहलाते हैं, और गले से लगाते हैं। उनका सबसे करीबी दोस्त जिसकी वजह से उनकी प्रेम कथा शुरू हुई रहती है, वह उन्हें गले से लगाकर रोता है साथ-साथ कहता है- 'अबे चुप हो जाओ, अबे चुप हो जाओ नहीं तो बहुत मारेंगे।' बहुत मारेंगे, ये शब्द बिलकुल मिसफिट है मगर है, ये प्रेम जताने का एक तरीका है... ठेठ यूपी स्टाइल का।

ऐसे बहुत देसी रंग, देसी भदेस डायलॉग हैं इस फिल्म में। एक अलग-सा है यह सिनेमा।

मॉम

एक माँ की जंग

बेहद शानदार फिल्म

शायद 'एक माँ की जंग' ऐसा लिखते हुए कुछ फिल्मी-सा लग रहा है। वैसे ये फिल्म ही तो है, मगर शायद इससे कहीं और ज्यादा है। ये एक औरत की लड़ाई है, जो स्वीकृति चाह रही है, उस रिश्ते में जो एक नाजुक-सा रिश्ता है, जो बदनाम-सा रिश्ता है। सौतेली माँ का। आजकी ये सौतेली माँ, देवकी सबरवाल (श्रीदेवी, सेकंड इनिंग, 300वीं फिल्म), वो पुराने जमाने की सौतेली माँ नहीं है जो, अपनी सौतेली आर्या (सजल अली) बेटी से घर के बर्तन मँजवाती है, उसे फटे-पुराने कपड़े देती है पहनने को, खाने को दो रूखी रोटी दी जाती है। सभी तरह की बराबरी है इस सौतेली बेटी से, वो भी अपनी सौतेली बहन को बहन-सा प्यार देती है। मगर रिश्तों में तल्खी है।

माँ न कहकर, वो उसे मैम कहती है। ये मैम संबोधन इसलिए है, क्योंकि माँ स्कूल टीचर हैं उसी स्कूल में। पिता आनंद (अदनान सिद्दीकी) देखते हैं इस तल्खी को। पिता के सवाल करने पर बेटी कहती है कि 'मैं अपनी माँ की जगह इनको नहीं देख सकती हूँ।' पिता कहते हैं कि 'अपनी पत्नी के असमय निधन के बाद उन्हें ये फैसला लेना पड़ा वरना वो अपनी छोटी-सी बच्ची को कैसे पालते। बेटा, तुम्हें उसे स्वीकार करना चाहिए।' बेटी कहती है, 'मेरी माँ की जगह ये नहीं ले सकती हैं। हाँ मैंने उनकी बेटी पिउ को तो स्वीकार किया है न...' ये एक लड़ाई है जो बनी हुई है। मगर माँ ने हार नहीं मानी है, वो अपने पति से कहती है कि आर्या का सोचना स्वाभाविक है, मगर एक न एक दिन बात जरूर ठीक हो जाएगी। बात ठीक तो नहीं होती है, मगर

बिगड़ती है जब बेटी के साथ दुर्घटना होती है और बेटी इसके लिए भी इसी सौतेली माँ को दोष देती है।

फिल्म की कहानी सपाट है, प्लॉट में कोई ट्विस्ट नहीं है। आगे क्या होने वाला है इसका पूर्वानुमान औसत दर्शक लगा लेता है। बेटी का निर्मम बलात्कार होता है। उसे मरने के लिए नाले में फेंक दिया जाता है। बचकर निकलती है, उसके दुख-दर्द हैं। लड़ाई शुरू होती है। पुलिस की कार्यवाही होती है। सुबूत पुराने और अपर्याप्त होने के कारण कानून मुजरिमों को निर्दोष करार देता है। माँ कानून अपने हाथ में लेती है। वो सजा देती है। एक ईमानदार पुलिस अफसर समझ रहा है, मगर कुछ कर नहीं पा रहा है। अंत में वही इंस्पेक्टर माँ की मदद करता है और आखिरी गुनहगार को गोली मारने में सहायता करता है। बेटी को पता चलता है कि उसकी माँ ने उसकी खातिर कैसी लड़ाई लड़ी तो फिर माँ और बेटी का मिलन हो जाता है।

जब इतनी सपाट है कहानी और स्क्रीनप्ले तो भी मैं इसकी तारीफ क्यों कर रहा हूँ? कई कारण हैं। एक है, कथा का फिल्मांकन, इस कहानी को शालीनता से कहने में, उचित एंगल, रौशनी का इस्तेमाल करने के लिए, और कहानी में लगातार पकड़ बनाए रखने में निर्देशक रवि उदयवार और उनके स्क्रिप्ट लेखन में सहायता करने वाले गिरीश कोहली और वेंकट राव तथा सिनेमाटोग्राफर अनय गोस्वामी बधाई के पात्र हैं।

दूसरे, श्रीदेवी की दूसरी इनिंग की ये दूसरी फिल्म है। 'इंगलिश विंगलिश' के बाद ये अभिनय का धमाका सराहनीय है। तीसरे, सभी कलाकारों ने उत्तम अभिनय किया है। वो पति आनंद (अदनान सिद्दीकी) हों या, वो मासूम-सा नया चेहरा आर्या (सजल अली), या वो सहृदय और जागरूक पुलिस इंस्पेक्टर मैथ्युज (अक्षय खन्ना), सभी ने शानदार एक्टिंग की है। चौथा और सबसे बड़ा कारण है दयाशंकर कपूर, उर्फ डी के की भूमिका में नवाजुद्दीन सिद्दीकी। वाह क्या बात है बंदे में।

इस फिल्म का संगीत ए आर रहमान का है, मगर याद रह जाए, ऐसा कोई गाना नहीं है। फिल्म में गाने खटकते नहीं हैं, और यही खासियत कही जा सकती है संगीत के लिए।

निर्देशन किया है रवि उदयवार ने। उनकी पहली फीचर फिल्म है। वाह क्या बात है। जहाँ संवाद नहीं है, वहाँ भी फिल्म बोलती है। ये डेब्यु करते निर्देशक, आजकल कमाल कर रहे हैं। एक और निर्देशक नीरज घेयवान याद आते हैं, जिन्होंने अपनी पहली निर्देशित फिल्म मसान में एक छाप छोड़ी थी। हाँ तो रवि के निर्देशन का कायल करता है वो सीन, जिसमें चलती एसयूवी गाड़ी में बलात्कार होता है। कोई अंग प्रदर्शन नहीं, कोई अश्लीलता नहीं, फिर भी इस घृणित कृत्य को ऐसा फिल्माया है कि दर्शकों में जुगुप्सा, घृणा की तीव्र भावना पैदा होती है। वो ड्रोन कैमरे से लिया गया शॉट, सुनसान सड़क पर एसयूवी गाड़ी चल रही है, वो घों-घों की मशीनी आवाज। सच, डर और जुगुप्सा पैदा करता है ये सीन। अक्सर बलात्कार के सीन शूट करने में, जिस संवेदनशीलता की जरूरत होती है, वो इस सीन में दिखाई गई है, साथ-साथ वो घृणा पैदा करने में भी कामयाब रहे हैं। इस शानदार सीन के कारण उनकी छोटी-मोटी गलतियों को नजरअंदाज किया जा सकता है।

इस फिल्म की तारीफ का दूसरा कारण है, श्रीदेवी। इनकी पहली पारी में लम्हे जैसी कुछ फिल्मं छोड़ दें, तो वही लटके ठुमके वाली ही बातें थीं। हाँ दूसरी पारी में इंगलिश विंगलिश और ये फिल्म की है और... बढ़िया अदाकारी की है उन्होंने। एक उपेक्षित माँ, मगर दृढ़ता से भरी, एक उद्‌देश्य के साथ। अपनी लड़ाई अपने ढंग से लड़ती माँ। अपनी बच्ची के बलात्कार के लिए स्वयं को एक कारण मानती माँ, उसे ठीक करती माँ। गजब के एक्स्प्रेशन दिए हैं।

तीसरा कारण है बाकी के सभी कलाकार। अदनान सिद्‌दीकी को एक छोटा-सा रोल मिला, उन्होंने ठीक-ठाक निभाया। चारों विलेन, सभी के नाम नहीं मालूम मगर दो उल्लेखनीय रहे। पीतोबाश त्रिपाठी, वॉचमैन की भूमिका में और बेहद क्रूर लगे है अभिमन्यु सिंह। ये दोनों अपनी अभिनय प्रतिभा कई फिल्मों में दिखा चुके हैं। एक होशियार और प्रतिबद्ध पुलिस वाले के रोल में, अक्षय खन्ना बेहतरीन हैं। शानदार अभिनय। चाल-ढाल से बिना वर्दी पहने पुलिस वाले लगे हैं।

चौथा सबसे बड़ा कारण हैं नवाजुद्‌दीन सिद्‌दीकी। क्या टैलेंट है बंदे

में। एक पहाड़गंज का आम-सा डिटेक्टिव, दयाशंकर कपूर (आप मुझे डी के कहके बुला सकती हैं)। क्या मेकअप है। क्या नया मैनरिज्म है। वाकई ये फिल्म नवाजुद्दीन के कारण याद रहेगी। हालाँकि श्रीदेवी के आस-पास ये फिल्म बुनी गई है, मगर जब भी नवाजुद्दीन परदे पर आए, उन्होंने सभी को गुदगुदाया, सोचने पर मजबूर किया। एक अलग-सा उच्चारण, बोलने का ढंग। फूहड़-सी वेषभूषा, टकला सर... ऐसा कुछ नहीं जो आकर्षक हो, मगर पूरा चरित्र बड़ा प्यारा है। वो जब नहीं बोलते हैं फिर भी वो दर्द दिखता है, जो एक जवान बेटी के बाप का होता है। वो बिना भाषण के एक उद्देश्य के लिए अपनी जान जोखिम में डालकर मदद करता है, उस माँ की जो एक लड़ाई लड़ रही है।

एक मुद्दे के लिए, श्रीदेवी के लिए और नवाजुद्दीन सिद्दीकी के लिए ये फिल्म जरूर देखें। वाह नवाजुद्दीन वाह!

टॉयलेट : एक प्रेम कथा

एक सच्ची प्रेम कहानी

अजीब-सा विषय है। थोड़ा-सा गँधाता मगर शायद सबसे जरूरी। हम सब ऐसे लोग जो मध्यमवर्गीय शहरी बाबू रहे हैं बचपन से, उन्हें उस शर्म, संकोच, घुटन का अनुभव नहीं है जो अधिकांश ग्रामीण और निम्न वर्ग के लोगों को उठानी पड़ती है। अरे आदमी तो खाते समय भी देखा जाना पसंद नहीं करता है, वो खाना निकालता हुआ देखा जाना कैसे पसंद करेगा?

इस घुटन, इस संकोच की मात्रा दस गुणी हो जाती है जब नारी वर्ग के बारे में सोचें तो। एक उचित विषय को लेकर फिल्म बनाना शायद बहुत जरूरी था इस समय। आज जब स्वच्छ भारत अभियान शुरू है तब हर माध्यम से इस सोच को बढ़ाना जरूरी है। पोस्टर छापे गए हैं, विज्ञापन छपे हैं, नुक्कड़ नाटक हुए हैं, भाषण दिए गए हैं। मगर इन सबसे बढ़कर दृश्य, श्रवण माध्यम होता है। टेलीविजन, डॉक्यूमेंट्री से ज्यादा प्रभाव होता है।

इस विषय पर फीचर फिल्म बन जाए और बड़े स्टार हों तो बात ज्यादा फैलती है। फिल्म अच्छी बनी है, मनोरंजन करते हुए संदेश दे जाती है। मेरे खयाल से इस फिल्म से स्वच्छ भारत अभियान को काफी बढ़ावा मिलेगा।

आसान नहीं था इस विषय को मनोरंजक बनाना। एक सत्य घटना को लेकर तीन घंटे की फिल्म। सच मुश्किल काम था। मगर इस संदेश को देने के लिए एक प्रेम कथा बुनी गई। फिर कहानी में कुछ सामाजिक प्रथा, निकम्मी अफसरशाही, बुरी आदतों वाले विलेन डाले गए गए। कुछ सहृदय सहायक कलाकार डाले गए। हास्य रस डाला गया, थोड़ा-सा नाच गाना। मिक्सी में फेंटकर परोस दिया गया। अब कई वामपंथी और बुद्धिजीवी लोगों को ये

सिनेमा ज्यादा पसंद नहीं आया।

हो सकता है सिनेमा क्राफ्ट के हिसाब से ये सिनेमा अच्छा न हो, डायरेक्शन, कहानी, कैमरा वर्क आदि में कमियाँ हों। मगर मनोरंजन के हिसाब से फिल्म सही है। समाज को संदेश देती है, बिना फिल्म को बोझिल किए। वो संदेश जो आजकी जरूरत है, समाज को सफाई की महत्ता जानने की जरूरत है। इस हिसाब से इस फिल्म को 10 में से 9 नंबर मेरी ओर से।

फिल्म को निर्देशित किया है सिद्धार्थ सिंह ने। फिल्म को लिखा भी उन्होंने ही है, गरिमा बहल के साथ। आजकल अलग से संवाद लेखक नहीं होते हैं, अतः संवाद भी इन्हीं दोनों ने लिखे होंगे। कहानी में थोड़े झोल हो सकते हैं, मगर संवाद तो इस फिल्म की जान हैं। हीरोइन घर आ चुकी हैं और महिलाओं के एक समूह को जब वो गरिया रही है तब इन संवादों के पैनेपन का अनुभव होता है। 'अरे गाँव के उचक्के जब लाइट चमकावें, और तुम जब पिछवाड़ा तो खुला रखो मगर मुँह ढँक लो तो वो कहें कि हमने तो देख ली, किसकी पता नहीं मगर देख ली... तो कैसा लगे है ? शरम ना आवे है का ?'

सच मुँह अँधेरे खेतों में जाना साँप-बिच्छू से बचकर नित्य कर्म निपटाना। ऊपर से ये छिछोरे बेशर्म मर्द जो ताका-झाँकी करते हैं। सच शर्म और बेबसी की इंतिहा होती है। ये सब इसलिए चल रहा है क्योंकि कुछ लोग रीति-रिवाज, मनुस्मृति के नाम पर लोगों को भ्रमित कर रहे हैं और इसे जारी रखने में कामयाब रहे हैं।

अक्षय कुमार एक कुंठित और आज्ञाकारी मगर बाद में विद्रोही बेटे की भूमिका अच्छे से निभाते हैं। उनका हाथ, एक छलिया, फरेबी प्रेमी के रूप में कोई पकड़ नहीं सकता है। शुरू के कई सीन इन्हीं गुणों के फिल्मांकन में लगे हैं। बाद में वो एक कमिटेड प्रेमी हैं मगर यहाँ भी वो अपने बाप से फरेब करना नहीं भूलते हैं। उम्र दिख रही है मगर काम बढ़िया किया है। वो गाँव का चालू छोरा अक्षय से अच्छा कोई कर नहीं सकता है। 10 में से आठ नंबर। दूसरे नंबर पर हैं कलाकारी में उल्लेखनीय अभिनेता दिव्येंदु शर्मा, अक्षय के छोटे भाई की भूमिका में। ये भाई का सखा, साथी षड्यंत्रकारी, बाप से डरता है मगर बड़े भाई के साथ खड़ा ये बंदा चुटकियाँ इतनी बेहतरीन लेता है कि

दर्शकों की अधिकांश हँसी का कारण यही अभिनेता बना है। 10 में से आठ नंबर। भूमिका पेडनेकर ने भी बढ़िया काम किया है। कई सीन में छा गई हैं। 10 में से 9 नंबर। शायद सबसे ज्यादा निराश किया है अनुपम खेर ने। ये पात्र ठीक से नहीं लिखा गया, संभावनाएँ बहुत थीं मगर उसका उपयोग नहीं हुआ।

एक अक्खड़ पंडित, खूँखार बाप की भूमिका में सुधीर पांडे अंत तक रोचक हैं। 10 में से 9 नंबर। एक और अभिनता हैं जिलाधिकारी की भूमिका में राजेश शर्मा। पता नहीं क्यों इस अभिनेता का मैं फैन हूँ। बहुत संभावनाओं वाले कलाकार हैं। छोटे रोल में भी प्रभावित कर जाते हैं।

संगीत की बात करें तो 'देख मत पगली, प्यार हो जाएगा' गाना अच्छा बन पड़ा है।

सिनेमा क्राफ्ट के हिसाब से शायद ये परफेक्ट ना हो, मगर सामाजिक महत्ता को देखते हुए इस फिल्म को 'मस्ट वाच' की श्रेणी में रखा जा सकता है। संवाद चुटीले हैं, और कई दिनों तक याद रहेंगे। आशिकों के लिए ये डायलॉग तो चल चुका है शायद, 'मैडम आप बदतमीज कह लो, मगर भाई साहब मत कहो।' एक शानदार फिल्म है, देखिएगा जरूर।

गाजी अटैक

एक शानदार फिल्म

शायद यह अपने तरह की पहली हिंदी फिल्म है। एक पनडुब्बी के अंदर छोटी-सी जगह, और इतना विशाल विषय, 'देशभक्ति' का। सच देशभक्ति एक ऐसी भावना है जो सभी को रोमांचित कर देती है। बचपन में 15 अगस्त या छब्बीस जनवरी का झंडा वंदन हो, वो देशभक्ति के बजते गीत हों, एक फुरफुरी-सी छूटती थी। वंदे मातरम और भारत माता की जय बोलने में गला रुँध जाता था। आज भी तिरंगा गाहे-बगाहे फहराता हुआ दिखता है तो एक सैल्यूट तो कर ही देता है हर आदमी। माँ एक प्यारा शब्द है, भारत माता एक बेहद प्यारा शब्द है। कुछ तो बात है जो लाखों लोग एक पल के लिए नहीं हिचकिचाए और प्राणों की आहुती दे दी।

'शहीदों की चिताओं पर हर बरस लगेंगे मेले, वतन पे मरने वालों का यही निशाँ होगा।' कुछ को हम जानते हैं, मगर अनगिनत ऐसे भी हैं जिनके बारे में कुछ ही लोग जान पाए, किन्हीं के बारे में कोई नहीं जानता।

नाम और गुमनामी ये तो लगी रहती है। मगर जज्बा देशभक्ति का ऐसा लगता है कि बस सिर्फ यही एक भाव रह जाता है, खास कर करो या मरो की स्थिति में। आप के पास वो पल है जब आप बाजू से निकल सकते हैं मगर फिर भी आप क्यों चुनते हैं शहादत? इस प्रश्न का सीधा कोई जवाब हो ही नहीं सकता है। सिपाही जान क्यों देता है, नौकरी कर रहा है इसलिए या नाम और शोहरत मिलेगी इसलिए। कई ऐसे उदाहरण हैं जहाँ लोगों ने नाम भी नहीं चुना। अपने-आप चुपचाप काम किया और गुमनाम अँधेरे में खो गए।

क्लासिफाइड/ सीक्रेट मिशन ये ऐसे शब्द हैं जिनसे सिर्फ दीवाने ही

जुड़ते हैं। न नाम मिलेगा ना पेंशन, कभी-कभी सरकार भी मुँह फेर लेती है। अंतर्राष्ट्रीय दबाव, विदेश नीति की मजबूरी के कारण कई बार सरकारों को अपने लोगों को छोड़ने का फैसला लेना पड़ता है।

सन 1971 के युद्ध का एक सत्य है कि पाकिस्तान की गाजी पनडुब्बी का मलबा विशाखापटनम बंदरगाह के पास पाया गया। ये बात 4 दिसंबर की है, ऐसा 9 दिसंबर को घोषित किया गया। शायद बांग्लादेश युद्ध की औपचारिक घोषणा के बाद। 19 नवंबर से गाजी पनडुब्बी का कोई कांटेक्ट नहीं था पाकी नेवल बेस से। तो ये माना जा सकता है कि यह पनडुब्बी 19 नवंबर से लेकर 3 दिसंबर के बीच कभी किसी दिन नष्ट की गई। ये भी सच है कि उन दिनों INS करंज नाम की डीजल बैट्री सबमरीन भारतीय नौसेना के पास थी और उसका नंबर S-21 ही था, जो फिल्म में दिखाया गया है।

हालाँकि फिल्म के शुरुआत में एक लंबा-चौड़ा लीगल डिस्क्लेमर आता है जिसमें दिखाई जाने वाली कहानी के काल्पनिक होने की पूरी संभावना पढ़ी जाती है मगर मन कहता है 'हाँ ये हुआ ही होगा' और हमारी सेना और उसके जवान इतने अनुशासित हैं कि राष्ट्रहित में उन्होंने इस कहानी को आज तक गुप्त रखा।

सच, फिल्म देख लीजिए। आपको भी लगेगा कि ये ऐसा ही हुआ होगा। बहुत वास्तविक चित्रण है। वो सेना का अनुशासन, वो प्रोसीजर, वो वेल लैड डाउन प्लान... सब कुछ है। सेना में कैसे वारिष्ठों की इज्जत की जाती है, वहीं उसके सिद्धांतों के लिए कनिष्ठ अधिकारी भी अड़ जाते हैं। सचमुच, सेना से सीखने के लिए बहुत कुछ है। यूँ ही नहीं लोग मिलिटरी ट्रेनिंग को अनिवार्य बनाने की वकालत नहीं करते हैं।

बिलकुल नये नवेले निर्देशक हैं, संकल्प रेड्डी और उन्होंने स्क्रीनप्ले में भी योगदान दिया है। पता नहीं क्यों इस साल और पिछले साल भी नये निर्देशकों की पहली फिल्म ने गहरी छाप छोड़ी है, उदाहरण के तौर पर मसान आदि। यहाँ संकल्प द्वारा जबरदस्त निर्देशन है। एक सीमित जगह में शूट करना और दर्शकों को बाँधे रखना इसके लिए संकल्प बधाई के पात्र हैं। एकदम नये तरीके की फिल्म है। हिंदी फिल्मों में ऐसे प्रयोग कम ही हैं।

आज दर्शक परिपक्व होते जा रहे हैं और इस फिल्म में दर्शकों की बढ़ती भीड़ इसका परिचायक है। मधी की सिनेमाटोग्राफी अत्यंत प्रभावी है। वो तनाव के पल इतनी सीमित जगहों पर शूट करना, सच कमाल किया है उन्होंने।

फिल्म के शुरुआत में अमिताभ बच्चन की आवाज में परिचय है। फिर अगले कुछ शॉट में ये तय हो जाता है कि आप एक नये अनुभव से गुजरने वाले हैं।

केके मेनन (कैप्टन रणविजय सिंह) के अभिनय को 10 नंबर, और यही नंबर अतुल कुलकर्णी (देवराज, एक्जीक्यूटिव ऑफिसर) को। राणा दुगबती बाहुबली के कारण बड़े स्टार हैं मगर इस फिल्म में उनकी टक्कर दो बड़े मँजे हुए कलाकारों से थी और उसमें वो हारे हैं। फिर भी उन्हें 6 अंक तो दिए ही जा सकते हैं। तापसी पुन्नु का किरदार सही में उस कहानी का हिस्सा था या नहीं पता नहीं, मगर इस फिल्म में कोई खास असर नहीं डालता है। एक ग्लैमर कोशंट है बस।

मेरी सलाह है जरूर देखें ये फिल्म। नयी-नयी बातें पता चलेंगी। अभी तक की फिल्मों में जो अक्सर फौजी दिखाए जाते हैं वो वास्तविकता से काफी दूर होते हैं। केके मेनन द्वारा अभिनित एक और फिल्म शौर्य में भी फौज का चित्रण काफी सही था।

हिंदी मीडियम

हम सब की कहानी

फिल्म शुरू होती है। टेलर मास्टर अपने ग्राहक की बेटी का मॉडर्न नजरिया (डीप बैक गाउन) समझने में आनाकानी कर रहे होते हैं, तब उनका वो सपनीली आँखों वाला बेटा धीरे से आकर मीतू से कहता है- 'उन्हें नये डिजाइन की समझ नहीं है, आप जैसा चाहती हैं मैं वो कर दूँगा।' अगले कुछ दृश्यों में वो गाउन पहना जाता है। लड़का राज बत्रा, लड़की के आगे पीछे घूमता है, उसके लिए रिक्शा वाला बनता है ताकि उसे कॉलेज तक छोड़ आए। मासूम से कुछ दृश्य आपके होठों पर मुस्कान ले आते हैं। फिर सीन कटकर आता है चाँदनी चौक की उसी टेलर मास्टर वाली दुकान पर जो अब तीन मंजिला बत्रा फैशन स्टूडियो बन चुका है। एक मुश्किल-सी माँ-बेटी की जोड़ी जब सेल्समैन से नहीं सँभलती तो सेल पूरी करता है, सामने आकर वही सपनीली आँखों वाला राज बत्रा (इरफान खान)। फिर ज्यों ही एक फोन आता है तो जल्दी में इस मजेदार माँ-बेटी की जोड़ी से यह कहकहर विदा लेता है कि 'ग्राहक तो भगवान होता है, मगर बीवी तो मातारानी होती है।' इस गुदगुदाते संवाद के बाद आप तैयार हो जाते हैं कि ये फिल्म एक असली दिल्ली दिखाएगी। और आपकी सोच सही सबित होती है। ऐसे ही छोटे-छोटे चुटीले संवादों से भरी फिल्म आपको गुदगुदाती रहती है। बड़ा होकर ये जोड़ा राज और मिट्ठू बन चुका है। जिनकी प्यारी-सी बिटिया है। राज तो आज भी चाँदनी चौक का लड़का है, मगर मिट्ठू को हाई सोसाइटी भाती है, उसे अपनी बच्ची को अंग्रेजी स्कूल में भेजना है। बस कहानी यहीं से शुरू होती है और यहीं खत्म होती है।

निर्देशक साकेत चौधरी की ये पहली फिल्म है बतौर निर्देशक। इसके पहले वो असिस्टेंट डाइरेक्टर के तौर पर बॉलीवुड से जुड़े हुए हैं। कहानी और स्क्रीनप्ले में भी उनका सहभाग है। साकेत चौधरी ने बतौर डाइरेक्टर एक अच्छी पारी खेली है, मगर कहानी के अंत में बुरी तरह विफल हुए हैं। इस पर विस्तार से आगे। छोटे-छोटे सीन को इफेक्टिव तरीके से निभवाया है उन्होंने हर कलाकार से। कोई बड़े भाषण नहीं, कोई बड़ा मेलोड्रामा नहीं, मगर कई बातें कह जाते हैं वो फिल्म में। रंगमंच के कई कलाकार उन्होंने लिए हैं जो अपने-अपने सीन में जान डाल देते हैं। जैसे विजय कुमार डोगरा, सिर्फ पाँच मिनट के राजनेता वाले रोल में दिल्ली क्या है, बता जाते हैं। घर आए फरियादी, एडमिशन से जूझते बाप, को यूँ कहना दिल्ली में ही हो सकता है- 'ये एडमिशन तो नहीं हाँ अगर कहो तो शराब की दुकान का लाइसेंस पाँच मिनट में दिलवा दूँ।'

ऐसे अनेक डायलॉग हैं जो गुदगुदाते रहेंगे। और इस फिल्म को जो बुलंदियाँ इरफान खान देते हैं वो तो बात ही अलग है। इरफान की बड़ी-बड़ी नशीली आँखों ने कई फिल्मों में बड़े इंटेंस सीन दिए हैं। लेकिन यही आँखें और वो एक बेलौस आवाज कॉमेडी की भी इंतिहा हैं। क्या जबर्दस्त टाइमिंग है। मजा आ गया। न बोलते हुए भी वो आपको गुदगुदा जाते हैं। एक सीन है जब वो ताजा-ताजा अपने चाँदनी चौक वाले घर से वसंत विहार शिफ्ट हुए हैं। वो चाँदनी चौक की आत्मीयता और वो वसंत विहार के नकचढ़े रूखे-सूखे रईस लोग। तो सुबह-सुबह वो सड़क पर घूमते जोड़े को गुड मार्निंग जी कहते हैं और वो लोग उन्हें अनदेखा कर आगे बढ़ जाते हैं तब इरफान सिर्फ उनकी तरफ घूरकर देखते हैं और धीरे से 'भैंsss' ऐसा कहते हैं। समझने वाले समझ जाते हैं और हॉल में दर्शकों का ठहाका गूँजता है। ये सीन और ऐसे कई सीन इरफान ने बेहद खूबसूरती से निभाए हैं। एक्टिंग में उनका जवाब नहीं। एक खाँटी व्यापारी, एक बीवी से बेहिसाब प्यार करने वाला शौहर, एक पिता। चाँदनी चौक का ये बंदा प्यार, जुनून, फरेब, पश्चताप जैसे भावों की एक सुनामी से गुजरता है। हर दौर को निभाता है। दर्शक इस पात्र से मोहब्बत करने लग जाते हैं। दस में से दस नंबर।

इसी टक्कर पर हैं, दीपक डोबरियाल। एक गरीब और सहृदय मजदूर साम प्रसाद की भूमिका में। दीपक एक बहुत प्रतिभाशाली अभिनेता हैं जो कई फिल्मों में आ चुके हैं और लोगों ने उन्हें सराहा है। इनका दिल तो अच्छा होना ही चाहिए, चेहरा आम सौंदर्य की दृष्टि से साधारण है। इसी साधारण चेहरे से वो भावों का ऐसा जादू दिखाते हैं कि लोग वाह-वाह कर उठते हैं। जब दोस्त के लिए जान की बाजी लगाते हैं या जब उनकी उपलब्धि और खुद की हार के बावजूद पाल्टी (पार्टी) करने की बात कहते हैं, तो यही साधारण चेहरा महामानव लगता है। चेहरे का सौंदर्य सौगुना हो जाता है। शानदार अभिनय। फिर दस में से दस। बाकी सभी कलाकारों ने जिनमें हीरोइन सबा हैं अच्छा काम किया है। एक उल्लेखनीय पात्र है। एडमिशन काउंसलर, अभिनेत्री तिलोत्तमा शोम ने इस निर्मम, कोल्ड और बिजनेस वूमन का रोल बखूबी निभाया है। यह पात्र ऐसे माँ-बाप जो एलिट क्लास के नहीं हैं, मगर पैसा और इच्छा है इसलिए हर तरह की कसरत करने को तैयार हैं, ऐसे लोगों को चूना लगाता है।

ये काउंसलर माँ बाप को जब मॉक इंटरव्यू के लिए तैयार कराती है तब एक-दो प्रसंग मार्मिक बने हैं। जैसे एक सवाल 'आप अपने बच्चे को गरीबी से कैसे इंट्रोड्यूस कराएँगे?' इसका जवाब वो बताती है- 'शेयरिंग इज केयरिंग'। ये शब्द सुनने में अच्छे लगते हैं मगर जब ये रईस जोड़ा गरीब बनकर उस मोहन नगर की चाल में गरीबों द्वारा दी गई रोटियों पर पेट भरता है तब पता चलता है उस वक्त बोला गया शेयरिंग इज केयरिंग कितना खोखला था। अमीर आदमी वहाँ जाकर सीखता है शेयरिंग इज केयरिंग क्या है। सच, हम सिर्फ बोलते हैं जबकि असली शेयरिंग इज केयरिंग तो गरीब आदमी जीता है।

कई ऐसे भावुक मैसेज हैं जो आपको बिना भाषणबाजी के आप तक पहुँचते हैं। गुदगुदाते डायलॉग बहुत कुछ कह जाते हैं। चलिए अब आते हैं कमजोर पहलुओं पर। संगीत। दूसरे अंत में कहानी का हाथ से फिसलना। अमृता सिंह जैसी अभिनेत्री से, जिन्होंने सख्त प्रिंसिपल का किरदार निभाया है, और भी अच्छा काम लिया जा सकता था। अंत में अगर उनके हाथों साम प्रसाद के बच्चे का एडमिशन करवा दिया जाता और मामले को एक संदेशपूर्ण

मोड़ देकर छोड़ा जाता तो ज्यादा प्रभाव पड़ता और अमृता सिंह की अभिनय प्रतिभा का उपयोग होता। कहानी सुधर जाती और अंत में जो खिंचाव, बेकार-सी स्कूल स्टेज पर की गई नृत्य नटिका आदि से बचा जा सकता था। अपने उद्देश्य और संदेश से भटक गई ये फिल्म। आखिर की रीलें खींची गईं लगती हैं। यहाँ तक इरफान जैसे अभिनेता असहज लगे है आखिर की रीलों में।

खैर, जरूर देखिएगा इस फिल्म को। इंटरवल तक फुल मजे की गारंटी। पैसा वसूल के साथ-साथ कई संदेश मिल जाएँगे। हिंदी, इंगलिश जो भी आए, इंसान अच्छा होना चाहिए। एक चरित्र, एक आदर्श जीवन बहुत कुछ है जीवन में। सिर्फ सफलता, पैसा सब कुछ नहीं। शेयरिंग इज केयरिंग, जीना पड़ता है इस वाक्य को।

महान अभिनेता इरफान खान को नमन!

कहानी 2

मैंने फिल्म 'कहानी 2' देखी। उत्तम। 'कहानी' एक अच्छी फिल्म थी, चार साल पहले आई थी और हिट भी हुई थी। शायद इसी वजह से इस फिल्म की ओर लोगों का ध्यान खींचने के लिए ये नाम दिया हो। वैसे 'कहानी 2' पुरानी फिल्म से ज्यादा अच्छी है। कई दिनों बाद एक अच्छी फिल्म देखने को मिली। शायद अच्छा लगने का पहला ट्रिगर हुआ, फिल्म के शुरुआत में दिखाया गया, जन गण मन अधिनायक... हमारा राष्ट्रगीत। पूरा हाल चुप-चाप खड़ा था। सावधान, सीना गर्व से तना, शरीर में रोमांच, रोंगटे खड़े महसूस हो रहे थे। सच वो एक मिनट एक सुखद अनुभव था। गीत खत्म होते साथ एक-दो लोगों ने भारत माता की जय के नारे भी लगाए। अहमदाबाद की अनुशासित, जागरूक जनता को सलाम। पता नहीं क्यों लोग इस गायन पर विवाद खड़ा कर रहे हैं? तीन घंटे की फिल्म में 52 सेकंड का वक्त देने के लिए डिबेट हो रहा था टीवी पर।

हाँ तो, कहानी, ओह कहानी 2 पर आते हैं। आज कल हिंदी सिनेमा में वर्जित, स्याह विषयों पर भी अच्छी फिल्में बन रही हैं। वो अलमारी में छुपाने की जगह, कंकाल को बाहर लाकर उसकी चीरफाड़ की जा रही है। डार्क सिनेमा कहें या हकीकतबयानी, जो भी हो ये अच्छा सिनेमा आ रहा है। समाज की एक ऐसी विकृति जिसके बारे में या तो भुक्तभोगी बात करते हैं या समाजशास्त्री या डॉक्टर, आज सभी को बताने की जरूरत है। पहले जो नैतिकता, बड़े बूढ़ों का अंकुश, संयुक्त परिवार था वो खत्म-सा हुआ जा रहा है। लोगों की यौन विकृतियाँ बाहर आ रही हैं। आदमी का राक्षस उभर रहा है। छोटे बच्चों का बचपन कोई भी, कभी भी छीन रहा है। उन्हें उस निषिद्ध क्षेत्र में उनके अपने ही ले जा रहे हैं जहाँ जाने के लिए उनका शरीर, उनकी

बुद्धि तैयार नहीं है। चाइल्ड अब्यूज, एक शब्द जिससे आज हर माँ-बाप को वाकिफ होना चाहिए, मगर माँ-बाप वाकिफ हैं नहीं। इस विषय को सिरे से नकारते भी हैं लोग। एक बचपन इसके कारण तबाह होता है साथ-साथ आने वाली जवानी की भी कब्र तैयार हो जाती है।

विद्या बालन (विद्या सिन्हा, या दुर्गा रानी सिंह) कलिमपोंग के एक स्कूल में क्लर्क हैं। उनका एक सहमा-सा बचपन था उसके कारण वो अपनी जवानी भी ठीक से जी नहीं पा रही हैं। एक लड़का है जो उन्हें पसंद करता है मगर अपनी ग्रंथियों में कैद विद्या उन्हें प्यार के बारे में ठीक से नहीं बता पा रही हैं।

स्कूल में वो प्रिंसिपल के कमरे के बाहर एक छोटे क्यूबिकल में बैठती हैं। अक्सर एक प्यारी-सी लड़की वहाँ अलग-अलग टीचरों द्वारा भेजी जाती है, एक-न-एक शिकायत में। ये नन्ही बच्ची, नाइशा खन्ना (मिनी दीवान, बचपन वाली), कई बार प्रिंसिपल के रूम के बाहर सजा का इंतजार करते बैठी रहती है और विद्या बालन उससे बात करने की कई नाकामयाब कोशिशों के बाद, ये जानने में सफल हो जाती है कि उसे क्लास अच्छी लगती है मगर उसे नींद आ जाती है। नींद क्यों आ जाती है का उत्तर विद्या बालन को तो स्तब्ध कर जाता है साथ-साथ दर्शक भी स्तब्ध हो जाते हैं इस बच्ची के जवाब से 'क्योंकि वो लोग मुझे सोने ही नहीं देते हैं।' चूँकि बचपन में विद्या भी चाइल्ड अब्यूज का शिकार हुई थीं, इसलिए वो प्रण कर बैठती हैं कि इस नन्ही कली को वो इस दलदल से निकालेंगी। ये बच्ची शहर के बड़े रईस घर की है। सो उस घर में घुसना और तथ्य जुटाना, मुश्किल-सा था। मगर ये किया जाता है। बच्ची को लेकर नयी पहचान बनाकर विद्या अपने पुराने नाम दुर्गा रानी सिंह का त्याग कर विद्या सिन्हा बनती हैं और नन्ही कली (किशोरवय की मिनी, अब तुनिशा शर्मा ने अभिनीत किया) के साथ चंदन नगर में एक संघर्षपूर्ण जीवन जी रही हैं।

इस शांत जीवन में एक भूचाल आता है, मिनी गायब और विद्या का एक्सीडेंट और सब इंस्पेक्टर के रोल में अर्जुन रामपाल का प्रवेश। कहानी कई ट्विस्ट एंड टर्न लेती है। फ्लैशबैक का लगातार इस्तेमाल, बढ़िया एडिटिंग,

नम्रता राव की और कसी हुई कहानी, स्क्रिप्ट और डायलॉग सुजय घोष, रितेश शाह और सुरेश नायर की तिकड़ी द्वारा, आपको एक पल भी चैन से बैठने नहीं देते हैं। आगे क्या, आगे कैसे का सवाल निरंतर रहता है दर्शकों को।

जो होता है अच्छा होता है। एक न्याय होता है जो कानून की दुनिया से अलग-सा मगर दुर्बल की सफलता वाली बात होती है इस न्याय में। शायद कई लोगों को इंटरवल के बाद फिल्म में थोड़ी विसंगतियाँ नजर आई हों। कुछ अनसुलझे पल, कुछ तर्क से परे घटनाएँ लगी होंगी। मगर कहानी वो संदेश दे जाती है जो देना है।

फिल्म के अदाकारों को नंबर देना शुरू करें। विद्या बालन 10 में से 11 नंबर की हकदार हैं। एक विचित्र से किरदार को अभिनीत करना इनके ही बस की बात थी। कहीं पढ़ा था कि शायद ऐश्वर्या राय को ये रोल मिलना था। थैंक गॉड, ऐसा नहीं हुआ। इस रोल को सिर्फ विद्या ही कर सकती थीं। वो साधारण-सा जूड़ा, वो चेहरे पर बीमार लुक के साथ-साथ वो दृढ़ता का भाव लाना इनके ही बस की बात थी। एक लड़की बचपन के हिंसा के बाद समाज से कटी, अपने उम्र के विपरीत जीती जिंदगी बिताते-बिताते, अचानक एक योद्धा बनती है। इन भावों का बदलना विद्याजी से ही संभव था। अर्जुन रामपाल अच्छे लगे हैं। अच्छा दिखने के साथ-साथ अच्छी एक्टिंग भी कर गए हैं। जुगल हंसराज एक घृणित विलेन के तौर पर जचे हैं। खराज मुखर्जी, इंस्पेक्टर प्रणब हलदार के रूप में मुस्कान ला देते हैं। बढ़िया अभिनेता हैं वो। बाकी सभी कलाकारों ने अशानुरूप काम किया है।

अच्छी कहानी, अच्छा निर्देशन। सुजाय घोष मनोरंजन के साथ-साथ एक संदेश भी पहुँचाने में कामयाब हुए हैं।

इस फिल्म को जरूर देखें। करीब-करीब हर किस्म के दर्शकों को पसंद आएगी। अगर आप संवेदनशील हैं और अच्छे सिनेमा क्राफ्ट की कदर करते हैं, तो जरूर-जरूर देखें। विद्या बालन के लिए।

रमन राघव 2.0

अनुराग कश्यप एक बेहतरीन निर्देशक हैं। थोड़ा हट के होते हैं उनके विषय और शायद वो बॉक्स ऑफिस की ज्यादा परवाह नहीं करते हैं। 'गैंग्स ऑफ वासेपुर' के अलावा शायद 'देव डी' ने कमाई की होगी। मगर बुरी तरह पिटी फिल्मों में 'बॉम्बे वेल्वेट' और 'नो स्मोकिंग' हैं। नो स्मोकिंग मैंने देखी थी। हाल में तीन लोग थे सिर्फ और एक इंटरवल के बाद निकल गया था। उस फिल्म को अंत तक झेला था। वैसे कई एंगल से अच्छी लगी थी वो फिल्म भी। अनुराग, हर बार नया विषय और ऐसा विषय जिसे और लोग छूना नहीं चाहते हैं, वो लेते हैं फिल्म बनाने के लिए। उनकी बेहतरीन और कामयाब फिल्मों में देव डी में आज के जमाने के देवदास का बड़ा बढ़िया फिल्मांकन था। बढ़िया फिल्म थी। फिर और एक फिल्म जो अच्छी लगी थी और उसकी ज्यादा चर्चा नहीं हुई थी और मेरे हिसाब से उनकी सर्वोत्तम फिल्म थी, वो थी 'गुलाल'। एक राजनीतिक विषय और एक जातिगत अभिमान की कहानी थी वो।

खैर पुरानी फिल्मों का जिक्र इस लिए किया क्योंकि अनुराग कश्यप की रेंज पर प्रकाश डालना जरूरी था। रमन राघव 2.0 के माध्यम से उन्होंने अपराध मनोविज्ञान का विषय लिया है। अपराध एक ऐसा विषय है जिससे आम आदमी का बहुत कम वास्ता पड़ता है। छोटे-मोटे अपराधों से हो सकता है सामना। मगर एक सीरियल किलिंग के बारे में आदमी वर्षों में सुनता है। मुंबई ने सन 1960 में रमन राघव नाम के आतंक का सामना किया था। हर अपराधी के पास एक कारण होता है अपराध करने का। वो क्षणिक आवेग हो सकता है या चुनकर किया हुआ फैसला। मगर ये जो विक्षिप्त सोच के आदतन अपराधी और एक विकृत सोच के साथ अपराध करने वाले अपराधी

होते हैं वो एक अलग धरातल पर सोचते और कार्य करते हैं।

दुनिया में अपराध के कई किस्से हैं। हर देश हर काल में, हम सोच नहीं सकते ऐसे अपराध हुए हैं। विकृत मानसिकता, गलत सोच, एक छद्म अहंकार, दंभ, कारण हैं ऐसे अपराधों के। कई ऐसे अपराधी अपने-आप को ईश्वर का दूत मानते हैं। उन्हें लगता है वो ईश्वरीय आज्ञा का पालन कर रहे हैं। कोई स्वयंभू न्यायाधीश बन जाता है। अजीब-अजीब से तर्क देता है। इन्हीं तर्कों को गूँथा गया है इस फिल्म में।

इस फिल्म की जान हैं नवाजुद्दीन सिद्दीकी। बंदे ने एक साधारण कद काठी से ऐसा जबर्दस्त आतंक पैदा किया है, सिर्फ अपनी आँखों और मुस्कान से कि शायद कमजोर दिल वालों को रात को नींद नहीं आई होगी। चेहरे पर कट का निशान तो ड्रामा पैदा करने के लिए था मगर शायद उसके बिना भी आतंक दिख जाता। एक बिखरे हुए बचपन जिसमें खाने पीने के लाले थे, अजीब से विकृत रिश्ते थे, इन हालत में ऐसा विक्षिप्त इंसान बनना स्वाभाविक ही है। जिस खूबी से निभाया है इस पागलपन को नवाजुद्दीन सिद्दीकी ने कि बस पूरी फिल्म में वो ही याद रहते हैं। पहली बार एक विलेन, और वो भी इतना घिनौना विलेन, के कारण फिल्म याद की जाएगी। वो विलेन जो अपने बहन और बहनोई की लाश पर बैठ चिकन-चावल की दावत उड़ाता है और उसके तुरंत बाद 7-8 साल के भांजे की भी हत्या कर देता है।

फिल्म का चित्रांकन छोटे-छोटे टुकड़ों में एक सोची-समझी रणनीति के तहत किया गया, बजट कम होने के कारण और फिल्म को लंबा बनाने हेतु। खैर जो भी हो इसके कारण फिल्म इंट्रेस्टिंग हो गई है और भयावह भी। कई दृश्य जुगुप्सा पैदा करते हैं। जो रमन राघव में घटित हुआ उसके आगे की कहानी है। रमन राघव एक नाम था हकीकत में वहीं इस फिल्म में रमन अलग है और वो राघव की तलाश में है, ताकी अपनी लीगेसी उसे ट्रांसफर कर सके।

रमन एक टुच्चा-सा किलर है वहीं राघवन एक पुलिस ऑफिसर है। वो भी अपना न्याय खुद कर रहा है। उसका भी एक बैचेन मन है। विकृत मन है, वीभत्स कामनाएँ हैं। नशा है, औरत को भोग्या समझने की मानसिकता है। इस रोल को विशाल कौशल ने निभाया है। ये अभिनेता मेरी पसंदीदा फिल्म

मसान में थे और उसमें उन्होंने एक मासूम प्रेमी का किरदार बड़े सही तरीके से निभाया था। इस फिल्म में भी वो भूमिका से न्याय करते हैं, मगर ज्यादा मजा नहीं आया। जहाँ नवाजुद्दीन सिद्दीकी को 10 में से 10 नंबर वहीं विशाल को मात्र 8 नंबर। महिला पात्रों का चित्रांकन वैसा ही है जैसा अपराध की दुनिया से संबंधित होता है। दो औरतें जो दो मानसिक रूप से रुग्ण लोगों से जुड़ी हैं, उन्हें केवल भोग्या के रूप में ही दिखाया है। दोनों ने भूमिका का दर्द ठीक से अभिनीत किया है।

फिल्म बाँधे रखती है। कुछ कुछ संवाद पचाना मुश्किल है, मगर कड़वी सच्चाई हैं। गालियों, अपशब्दों का इस्तेमाल है, मगर जिन लोगों की कहानी है वहाँ की जुबान ही कुछ ऐसी ही होती है।

वयस्क और वो भी पूर्वाग्रह से परे लोग ही ये फिल्म देखें। कुछ लोगों के साथ मेरा तर्क भी हुआ कि, समाज हो सकता है ऐसा विकृत हो, भयावह हो मगर क्या इसे परदे पर दिखाना जरूरी है। ये अपने-अपने सोचने का ढंग है। मेरे हिसाब से कला कला है। समाज सुधार का काम और लोग करें। हो सकता है ये फिल्म हिंसा को महिमा मंडित करती हो, मगर जब ऐसी फिल्में नहीं थीं तो क्या अपराध नहीं थे? क्या सड़क पर हम ऐसी भाषा नहीं सुनते हैं। अपशब्दों का इस्तेमाल नहीं होता है क्या।

सिनेमा क्राफ्ट, अनुराग कश्यप और नवाजुद्दीन सिद्दीकी के कारण ये फिल्म जरूर देखें। लेकिन हाँ, बच्चों को दूर रखें इस फिल्म से।

सैराट : एक मराठी फिल्म

अंग्रेजी में सब टाइटल हैं फिल्म में, इसलिए अ-मराठी भाषी भी देख सकते हैं। बल्कि मैं कहूँगा कि जरूर देखें। प्यार की कोई भाषा नहीं होती है, यहाँ तो सब-टाइटल भी है। मुझे ज्यादा मराठी नहीं आती है सो जानकारों से पूछा तो मुझे सैराट का मतलब बताया गया- निर्बंध, स्वच्छंद। सच ऐसी ही है ये फिल्म।

फिल्म सैराट ने मन में ऐसा भावनाओं का तूफान खड़ा कर दिया कि इस फिल्म के बारे में कुछ भी लिख पाना संभव नहीं हो पा रहा था। उम्र के पड़ाव पर भावनाएँ वैसी नहीं रह जाती हैं जैसी किशोरवय में थीं। मगर फिर भी जाने क्यों वही किशोर मन हावी हुआ जो अन्याय को देख विचलित होता था। मन जो प्यार से भरा था, लगता था लोग क्यों नहीं प्रेमपूर्वक रह सकते हैं। वर्ग संघर्ष क्यों है, जन्म से क्या कोई छोटा या बड़ा होता है? अनुत्तरित प्रश्न फिर समय के साथ-साथ मन को पत्थर बनाते गए। मगर फिर वही मन जागा। कारण था ये अद्‌भुत फिल्म, एक मासूम-सी प्रेमकथा। मुझे ये अच्छा लगा, मुझे ये अच्छी लगी, फिर छोटा-बड़ा क्यों? प्यार क्या बराबरी वालों में ही होना चाहिए?

वैसे किशोरवय की कई प्रेम कथाएँ बनी हैं। लोगों को लुभाती रही हैं क्योंकि करीब-करीब हर आदमी या औरत उस उम्र से गुजरा है और उस प्रेम कीड़े से काटा जा चुका होता है। हर एक के मन में वो पहला, मासूम-सा प्यार जिंदा रहता है। इस कारण से सभी मासूम प्रेम कथाएँ हिट रहीं है। बॉबी एक ऐसी कहानी थी जो मुझे बहुत अच्छी लगी थी। मगर इस फिल्म की तो बात कुछ और ही है।

शायद सबसे ज्यादा योगदान इस फिल्म के निर्देशक नागराज मंजुले का

है। नागराज समाज के उस वर्ग से हैं जहाँ उन्होंने हर दंश या तो झेला है या उसे अपने आस-पास महसूस किया है। उनकी पहली फिल्म 'फैंड्री' (मैंने देखी नहीं, मगर तारीफ सुनी है) भी उन्हीं अनुभवों की कहानी है। इस फिल्म में भी नायक अपेक्षाकृत निचली जाति का है, नायिका से। मगर इस वर्ग संघर्ष को बिना किसी भाषण बाजी या प्रपोगेंडा के दिखाया है। वर्ग संघर्ष है मगर मुख्य धारा प्यार की है। एक मासूम सी लड़ाई प्यार की जो पूरी शिद्दत से लड़ी गई है, नायक, नायिका और उसके मित्रों द्वारा, एक शक्तिशाली विपक्ष के खिलाफ।

फिल्म सैराट शुरू होती है कस्बे के एक क्रिकेट मैच से। ये एक इवेंट काफी कुछ कह जाता है उस कस्बे, गाँव के बारे में कि कौन क्या है किसका रुतबा क्या है वगैरह-वगैरह। यहाँ पर निर्देशक नागराज क्रिकेट की कमेंटरी करते दिखे हैं। ये सुभाष घई वाला शौक इन्हें भी है ऐसा लगता है। खैर, इसके बाद हमारे हीरो साहब मैच में जीत दिलवाते हैं। और अपने पुराने शगल पर लग जाते हैं, नायिका को देखते रहने का। उसके और उसके दोस्तों के प्रयत्न रंग लाते हैं और प्यार का अंकुर नायिका के मन में भी फूटता है। कॉलेज, खेत, खलिहान में ये प्रेम कथा बढ़ती है। नायिका के घर दोनों पकड़े जाते हैं, एक पार्क की हुई कार में प्रेमालाप करते। जम के सुताई होती है नायक की। दोनों को अलग-अलग शहरों में रखा जाता है। घर से भागते हैं, हैदराबाद पहुँचते हैं। ऊँच-नीच से गुजरते एक महिला सहारा देती है। शादी होती है, बच्चा होता है। बहुत सारी घटनाएँ, रोचक प्रसंग और एक स्तब्ध कर देने वाला अंत। कहानी के बारे में ज्यादा नहीं लिखना।

रिंकू राजगुरु नायिका हैं। आकाश ठोसर नायक हैं। दोनों की ये पहली फिल्म है और दोनों ने शानदार काम किया है। यहाँ मैं रिंकू राजगुरु के बारे में ज्यादा लिखना पसंद करूँगा। हमारी फिल्मों में खासकर ऐसे नयी नायिका को बहुत सुंदर होना जरूरी होता है। मगर इस सौंदर्य की परिभाषा में रिंकू नहीं आती हैं। साँवली, थोड़ी मोटी, साधारण नैन-नक्श। और यही साधारण बात उन्हें असाधारण बना देती हैं। वो अभिनय जिसमें अपनी भाव-भंगिमा से वो जहाँ एक ओर गाँव के पाटील (मुखिया) के बेटी का दर्प दिखाती हैं वहीं

प्रेम में आकंठ डूबी प्रेम बावरी भी दिखती हैं। उनकी यह बेमिसाल अदाकारी उन्हें असाधारण सौंदर्य देती है। कई दिनों बाद एक नायिका ने मन चुरा लिया। उनकी बड़ी-बड़ी आँखें सब कह जाती हैं। हीरो आकाश सुंदर दिखते हैं सो नायक होने की पहली शर्त पूरी करते हैं और पहले ही सीन से दर्शकों के दिलों पर कब्जा करते हैं। वहीं ये रिंकू पहले कुछ सीन में यूँ ही लग रही हैं और अचानक दिल जीत लेती हैं।

इनके कॉलेज के दो दोस्त, प्रदीप लंगड़ा (तानजी गलगुंडे) और सलीम (अरबाज शेख) ने भी बहुत जीवंत अभिनय किया है। पूरी फिल्म आपको बाँधे रखती है। छोटे-छोटे गुदगुदाते प्रसंग, वो कस्बाई भोलापन, शरारतें। गाने जीवंत हैं। खासकर 'यड़ लागलय, यड़ लागलय... (पागलपन छा गया है) बेहतरीन है। नायिका के भाई प्रिंस (सूरज पवार) और चचेरे भाई मंग्या/ मंगेश (धनंजय नानावरे) भी उल्लेखनीय हैं। बाकी सभी अन्य कलाकार भी अच्छे अभिनय की श्रेणी में आते हैं, और इसका भी सेहरा निर्देशक के सर। अतुल-अजय का संगीत बढ़िया है। थोड़ी छोटी की जा सकती फिल्म शायद। इसे तो मैं संपूर्ण फिल्म कहूँगा। कहानी कहने का अद्‌भुत गुण दिखाया है नागराज जी ने।

जरूर देखें। मराठी नहीं आती है फिर भी देखें। मुझे भी किसी ने काफी जिद करके भेजा था। प्यार, वर्ग संघर्ष, हास्य क्या नहीं है फिल्म में। रिंकू को तो नेशनल अवॉर्ड भी मिला है। सच ये लड़की आपका भी दिल मोह लेगी।

निल बटे सन्नाटा

ये टिपिकल यूपी या यूँ कहें उत्तर-भारत का एक प्रचलित मुहावरा-सा हो रखा है। निल कहने से बात बन सकती है जैसे, जिंदगी में पाने के नाम पर निल है, या उपलब्धि निल है, बैंक अकाउंट निल है, मगर वो यूपी ही क्या जहाँ बात को एक लय ना दी जाए। सन्नाटा भी शून्य को ही दर्शाता है। सो दो बार शून्य कह दिया तो डबल जीरो हो गया... वैसे देखें तो निल बटे सन्नाटा से एक और गणित निकलता है। शून्य भागित शून्य, जीरो डिवाइडेड बाइ जीरो... अरे ये तो कठीन-सा गणित हो गया। शून्य को शून्य से भाग दे ही नहीं सकते, ये तो शायद अनंत भी हो सकता है या एक अवैध गणितीय समीकरण। शायद ये कहानी जिन लोगों पर बनाई गई है वहाँ भी देखा सपना या तो गलत है या अनंत संभावनाएँ हैं। गरीबी से उपलब्धि की अनेक कहानियाँ आ चुकी हैं सामने। ऐसी ही एक कहानी का कहना यह फिल्म है।

एक माँ है जो अपने पति को खो चुकी है, पूरी आशाएँ, आकांक्षाएँ, सपने, हौसले का केंद्र है उसकी बेटी। ये बेटी वो टिपिकल बेटी नहीं है जो फिल्मों में होती है जो कहती है, माँ तेरे सपनों को पूरा करने में जी जान लगा दूँगी। ये वो बेटी है जो उस समाज में है जहाँ उसकी उम्र के बच्चे अपना बचपन जल्द खो देते हैं। आस-पास के वातावरण का असर है जो उन्हें हकीकत के धरातल पर बाँधे रखता है। उनसे बचपन में देखे जाने वाले सपने छीन लेता है, छोटी-मोटी मस्ती करते हुए भी ये बच्चे शायद उम्र से काफी बड़े हो चुके हैं, और जानते हैं कि बड़े होकर उन्हें वही, ड्राइवर, माली, चौकीदार और काम वाली बाई बनना है। ज्यादा-से-ज्यादा काम वाली बाई का प्रमोशन नैनी के रूप में हो सकता है। सो बिटिया ऐसी, उम्र से बड़ी, और माँ, उम्र से छोटी, सपनों से भरपूर।

ज्यादा कहानी बताना नहीं चाहता हूँ, क्योंकि अनुरोध है कि आप सब देखें। दुख, निराशा है फिल्म में मगर दूर हो जाती है। गरीब के घर में भी हास्य व्यंग, कहकहे हैं। वो सरकारी-सा स्कूल शायद हम सब को (मेरे हमउम्र) अतीत में ले जाए। जहाँ धबा-धब पिटाई भी होती थी और मास्टरजी के व्यंग्यबाण सीना छलनी कर देते थे।

कोई बड़ा नाम नहीं। डाइरेक्शन, कहानी या कलाकारों में। मगर एक बड़ी फिल्म बन गई है निल बटे सन्नाटा। इसे निर्देशित किया है अश्विनी अय्यर त्रिवेदी ने, पहला फिल्म निर्देशन। कहानी स्क्रीन प्ले में भी इनका योगदान है, साथ में हैं प्रांजल चौधरी, नीरज सिंह, नीतेश तिवारी। बढ़िया स्क्रिप्ट है, चुटीले संवादों से भरी। जमीन से जुड़ी। संवाद तो जान हैं फिल्म की। मसलन, माँ बेटी के बीच का ये संवाद 'बड़ी होकर क्या बनोगी... नौकरानी... एक राप्टा देंगे... इस देश में बच्चों को अपना कैरियर डिसाइड करने का हक ही नहीं।' या प्रिंसिपल साहब के व्यंग्यबाण, शून्य पाने वाले को 'आर्यभट्ट जी' संवाद जान हैं फिल्म की।

अब आते हैं कलाकारों पर। स्वरा भास्कर को हिरोइन की सहेली (तनु वेड्स मनु), सलमान खान की बहन (प्रेम रतन धन पायो) आदि फिल्मों में भी देखा और नोटिस किया जा चुका है। इस फिल्म में वो मुख्य भूमिका में हैं। उनसे उम्मीद थी फिल्म शुरू होने के पहले से और इस फिल्म में वो उस उम्मीद को पूरा करती हैं। कई सीन में लगा कि वो और बेहतर कर सकती थीं, खैर। मैं उन्हें एक बेहतरीन अदाकारा मानता हूँ और इसलिए सर्वश्रेष्ट की उम्मीद रखता था। फिर भी 10 में 9.5 नंबर ही दूँगा। सबसे अच्छे लगे पंकज त्रिपाठी, बेहतरीन अभिनय, ये सेकंड लीड है, मगर अभिनय की ऊँचाइयाँ हैं, एक सरकारी स्कूल के प्रिंसिपल, झिझकते हुए, कुछ करने का छुपा जज्बा, जिंदगी से भरपूर। चेहरे पर खिलखिलाहट ला देते हैं कई सीन में। जबर्दस्त। यही बात बच्ची रिया शुक्ल ने भी दिखाई है। करीब-करीब सभी रंगों से खेलते-खेलते, आशा का रंग लेकर आती है बच्ची तो कुछ भी अविश्वसनीय नहीं लगता है। त्रिपाठी जी और रिया को 10 में से दस।

एक बड़ा नाम रत्ना शाह पाठक का है। नाम के अनुरूप काम भी रहा,

एक उत्प्रेरक की भूमिका है, कहानी में ट्विस्ट भी लाती हैं। और दो उल्लेखनीय पात्र हैं। रिया के स्कूल के दोस्त। सभी दोस्त बहुत मजेदार लगे हैं। खासकर भूरी आँखों वाला पिंटू। स्कूल के कई सीन अपना बचपन याद दिला देते हैं, चेहरे की मुस्कान कम ही नहीं होती है। कभी-कभी अवास्तविकता वाले घटनाक्रम हैं, मगर वो तो हर कहानी में होते हैं। कहानी का बहाव निरंतर है, संगीत घुल-मिल-सा गया है, बजट लो रहा होगा फिल्म का मगर बात बड़ी कह गई है ये फिल्म।

अलीगढ़

एक उदास-सी कविता

अलीगढ़ के ताले प्रसिद्ध हैं और इस नाम की बनी फिल्म ने दिमाग के ताले खोल दिए। क्या फिल्म बनाई है! एक विवादास्पद विषय, मगर फिल्म देखते समय कोई खयाल इस विषय के समर्थन में आता है ना ही इसके विरोध में। बस आप बहते रहते है उस धारा में, उस कालखंड की धारा में। एक व्यक्ति किस पीड़ा से गुजरता है किस तनहाई से जूझता है, सारे लोग संगठन बनाकर उसे प्रताड़ित कर रहे हैं। वो आपसे कुछ नहीं चाहता है, सिर्फ जीने का हक माँग रहा है। वो आपकी सोच से अलग है, मगर क्या ऐसे लोग नहीं हैं समाज में? ना ही वो सिर्फ अपनी विचारधारा को सही कह रहा है और ना ही उसके समर्थन में आप को बुला रहा है। मगर फिर भी उसे अकेलापन, घृणा, विवाद, तिरस्कार, बहिष्कार का विषय बना दिया।

फिल्म का निर्देशन, स्क्रीन प्ले और एडिटिंग इतनी बढ़िया है कि फिल्म आपको बाँधे रखती है, ऊपर से मनोज बाजपेयी की शानदार अदायगी। फिल्म का प्रवाह इस कदर बाँधे रखता है कि आप कुछ भी सोच नहीं पाते हैं।

मनोज बाजपेयी ने पता नहीं कितनी मेहनत की है इस फिल्म के लिए। वो मेथड स्कूल के कलाकार माने जाते हैं। इस फिल्म में उनकी मेहनत कहीं उनके सेहत पर असर ना डाले। एक व्यक्ति जिसकी यौनिक प्राथमिकताएँ कुछ अलग हैं, फिर भी वो उस LGBT समूह में भी अपने को अकेला पाता है। केस जीतने पर नाज फाउंडेशन (LGBT के अधिकारों की लड़ाई लड़ने वाला संगठन) वाले पार्टी सीन में मनोज के हाव भाव वैसे नहीं रहते हैं जैसे बाकियों के थे। वो तो बस अकेला रहना चाहता है। वो कवि है। नाजुक

भावनाओं का पुजारी, लता मंगेशकर के गाने जिसके लिए पूजा या प्रार्थना हैं... कभी शराब पीता भी है तो पूछता है 'Am I drunk', फिर No का जवाब मिलने पर कहता है 'Then I can have one more peg.' वो ऐसा क्यों है उसे पता नहीं। जब उससे जर्नलिस्ट राजकुमार राव पूछता है कि क्या आप गे हैं। तो वो जवाब देता है 'पता नहीं, पता नहीं कौन-सी भावना कब उभर आती है, अचानक एक तूफान-सा आता है, और कुछ समझ नहीं आता है... ये एक शब्द गे में आप मुझे डिफाइन नहीं कर सकते, मैं एक कवि हृदय हूँ, बस मुझे जीने दो अकेला।' फिल्म की पूरी टीम को बधाई, क्या खूबसूरती से छोटी-छोटी बातों से एक व्यक्तित्व को उभारा है।

कुछ ऐसी ही छोटे-छोटे सीन, शॉट की चर्चा करना चाहूँगा। शुरुआत में जब कैमरा एक करीब-करीब सुनसान सड़क, कॉलोनी से होता हुआ एक घर के सामने आकर रुकता है। दो लोग उतरते हैं... एक फ्लैट का दरवाजा खुलने की आवाज, बत्ती जलना, बुझना। देर तक कैमरा खिड़की पर। फिर दो लोग का मद्धम स्वरों में बात करते आना, वो भी कुछ अश्लील-सी बातें... आवाजें, मारपीट का कोलाज... बस दर्शक स्तब्ध है। ये क्या हो रहा है! फिल्म गति पकड़ना शुरू करती है। शुरुआत आपको सहमा देती है, और दर्शकों को बाँधने का काम शुरू हो जाता है।

फिल्म का एक सीन है जिसमें एक गाना है- 'आप की नजरों ने समझा, प्यार के काबिल मुझे...' इस गाने में मनोज बजपायी बैठे हुए पैर का पंजा जिस लय ताल में घूमाते हैं, फिर कैमरा उनकी आँखों का सूनापन दिखाता है, चेहरे पर मुद्राएँ बनती, बिगड़ती हैं... वाह! इसी तरह 'बेताब दिल की तमन्ना यही है', इस गाने का इस्तेमाल कहानी में जैसा किया है बेमिसाल। नेपथ्य में बजते लताजी के गानों का बहुत बढ़िया इस्तेमाल किया गया है। गानों का दर्द मानों प्रोफेसर सिरस के दर्द का पूरक बन जाता है। इन दो नेपथ्य में बजते गानों से जो दर्द उभारा है मनोज और मेहता की टीम ने वो अद्वितीय है। इन दो सीन पर वारी-वारी हो जाता है रसिक दर्शकों का मन।

निर्देशक हंसल मेहता टीवी पर खाना-खजाना से यात्रा शुरू करते हैं, शाहिद, सिटी लाइट से होते हुए इस मास्टर पीस पर आए हैं। बहुत ही बढ़िया

निर्देशन... कहीं कोई लाउडनेस नहीं। एक साधी रफ्तार, कोई पक्ष-विपक्ष वाली बात नहीं, इतने विवादास्पद विषय में जो कहना हो वो कह जाना। दूसरे महत्त्वपूर्ण भागीदार इस फिल्म की खूबसूरती बढ़ाने में, वो है इसकी कहानी, स्क्रीनप्ले और एडिटिंग सँभालने वाले, अपूर्व सोनी। बेहतरीन पकड़ तीनों विधाओं पर। सत्या से एडिटिंग का अवॉर्ड पाए अपूर्व से और भी उम्मीदें हैं। ऋषिकेश मुखर्जी भी पहले उनकी एडिटिंग प्रतिभा से जाने गए थे, शायद एक दिन अपूर्व निर्देशन भी करें। हाँ फिल्म में करीब-करीब न के बराबर है बैकग्राउंड म्यूजिक। मौन, खामोशी का इतना अच्छा उपयोग कम ही देखने को मिलता है। नागपाल की सिनेमेटोग्राफी बहुत अच्छी है, कई बार प्रकाश संयोजन कई बात कह जाता है। उत्तम कैमरा वर्क।

अब आते हैं एक महान अभिनय प्रतिभा मनोज बाजपेयी पर। अद्वितीय। अभिनय क्या है, जानने के लिए इस फिल्म को जरूर देखें। हर सीन में वो उदासी की कविता, कभी वो सहमापन, कभी वो बच्चों-सी निश्छल मुस्कान, वो कवि का शर्मीलापन, वो समाज से तिरस्कार की पीड़ा... कौन-सा भाव है जिससे उन्होंने मन नहीं मोह लिया। राजकुमार राव ने जर्नलिस्ट की भूमिका में जान डाल दी है। एक नया पत्रकार जिसे मानवीय संवेदना के लिए सम्मान है। वो तह तक जाना चाहता है। कोई सच का झंडा उठाना, क्रांति व्रांती वाली बड़ी बातें नहीं। थोड़ा अंडरएक्टिंग की और इस फिल्म की वो जरूरत थी। वैसे ही आशीष विद्यार्थी ने एक वकील का पात्र सर्जन/ चिकित्सक जैसे अंदाज में निभाया। कोई व्यतिगत झुकाव नहीं बस पेशेगत सच्चाई। हाँ एक कलाकार जो दूसरी वकील हैं, चेहरे पर मुस्कुराहट ला देती हैं।

आज जब उदासी, पीड़ा का फिल्मांकन बैक सीट ले चुका है, वहाँ ये उदास कविता मन मोह लेती है। जहाँ मस्ती, मारपीट, चले चलो, देशभक्ति, बदला, आक्रामकता, प्यार, जुनून जैसे भावों को लेकर फिल्में आ रही हैं, जो उत्साह और पॉजिटिविटी दिखा रही हैं, वहाँ आज कल हम उदासी, अकेलापन को ना गानों में पाते हैं न ही फिल्मों या टीवी पर... क्यों शर्मा रहे हैं इन दो भावों से। हमारे जीवन का अंग हैं, कभी-न-कभी हम अकेले रहे हैं, उदास रहे हैं, ये भी जिंदगी का लम्हा है।

संगीत : रूहानी सुकून

हिंदी फिल्मी संगीत के कई मुरीदों में से मैं भी एक हूँ। संगीत के हर पहलू को आत्मसात किया है फिल्म संगीत ने। शास्त्रीय संगीत की राग रागिनियों पर आधारित धुनें, वेस्टर्न क्लासिकल, पॉप, रॉक फिर अरेबियन सुर-लहरी, लोक संगीत सब को समोया है हिंदी फिल्म संगीत ने। जिंदगी के हर पल को छूता कोई-न-कोई एक गाना है। देशभक्ति हो, प्यार मिला हो या खो गया हो, श्रृंगार से वात्सल्य, हर तरह का गीत मौजूद है। धुनों की जादूगरी है, शब्दों के खेल हैं। 'चौदहवीं का चाँद हो' जैसा श्रृंगार रस है तो वहीं 'वतन की राह पर वतन के नौजवाँ शहीद हों' का वीर रस भी है। हर तरह के समाज, धंधे को छूता गीत है। बलमा सिपहियाँ कलाई मरोड़ जाता है वहीं रंगरेजवा से पूछो जिसने गुलाबी रंग दीना दुपट्टा मेरा। ध्यान से सुनें तो बहुत ही विविधता लिए गीत हैं। एक गाना सुनकर जब मैंने यूँ ही फेसबुक पर लिखा कि क्या कोई ऐसा गाना बता सकता है जिसमें 'पटवारी' शब्द आता है। आधे घंटे में एक रसिक ने सही गाना लिख भेजा। गाने जितने हैं उतने ही प्रशंसक भी, उतने ही रसिक भी।

जवानी दोस्ती, प्यार, देशभक्ति के रंग वाले गाने से भरी है, वहीं बचपन वात्सल्य, आशा, उत्साह के भावों से भरा गीत देता है। हर तरह का गीत मौजूद है। दुख-सुख, उत्साह-निराशा, प्रेम-भक्ति क्या नहीं है हमारी इस संपदा में।

एक गाना जो बचपन/कैशोर्य छोड़कर जवानी में जाने वाले सिचुएशन का है। ये एक नाजुक-सा पल होता है। बचपन की नादानियाँ, शरारतें छोड़ जवानी का तूफान आता है, जो नये अध्याय खोलता है जिंदगी के। बहुत कम गाने हैं इस क्रॉस ओवर के। एक दो याद आते हैं, मेरे बचपन तू जा जा जवानी को ले आ, फिल्म कच्चे धागे का। उसी तरह फिल्म बॉबी में 'ए फँसा...' वाले गाने के एक अंतरे में जिक्र है इस क्रॉस ओवर का इन शब्दों में 'ये एक साल

बचपन से नौ जवानी के बीच शायद बुरा होता है...'

आज बात करें फिल्म जंगली के इस गीत की 'जा जा मेरे बचपन कहीं जा के छुप नादाँ, ये सफर है अब मुश्किल आने को है तूफाँ...' गीत लिखा है हसरत जयपुरी ने और धुन है शंकर जयकिशन की। फिल्म में सायरा बानो के पिता उसकी शादी करने का जिक्र करते हैं। बड़ी हो गई है मेरी गुड़ियानुमा डायलॉग भी है। सायरा शर्माती हैं और उन्हें अचानक बचपन छूटता दिखता है, जवानी का रोमांच आकर्षित कर रहा है। ऐसे में ये सिचुएशन आधारित गीत अचानक फिल्म की कहानी को बढ़ाता है। ऐसे गाने जो फिल्म की आत्मा को समोते हैं, और बस यों ही डाले हुए नहीं होते हैं उनमें गीतकार और संगीतकर दोनों की परीक्षा होती है। मेरे हिसाब से दोनों महानुभावों ने बढ़िया काम किया है। गाने के शुरू में ही कश्मीर की खूबसूरती को दिखाता कैमरा, फिर बचपन की बेपरवाह दौड़ की तरह बजता म्यूजिक का एक पीस, और अचानक गिटार और तबले के दो स्ट्रोक के बीच लताजी द्वारा गाया- 'ज जा जा मेरे बचपन कहीं जा के छुप नादाँ...' इस लाइन के 'ज जा जा' इस शब्दांश के उच्चारण में वो जल्दी दिखाई देती है कि लगता है कि नायिका कह रही है कि भइय्या बचपन तू जल्दी कर और निकल ले, क्योंकि 'आने को है तूफाँ।'

इस जवानी की पहली छुअन को पहले ही अंतरे में हसरत जयपुरी जी ने कुछ यूँ लिखा है 'जिंदगी को नये रंग मिलने लगे, एक किरण छू गई, फूल खिलने लगे', वाह क्या खूब कह दिया। अगले अंतरे में जवानी की अनबूझी कसक का भी जिक्र है।

लताजी ने गाने में जो बचपन के छूटते अलहड़पन, और जवानी की शोखी को स्वर दिया है वो गाना सुनते वक्त महसूस किया जा सकता है। पहले अंतरे में स्वर उठाती हैं 'जिंदगी को नये रंग मिलने लगे' और फिर धीमे से 'फूल खिलने लगे' कहती हैं तो सभी को वो अपने जीवन का वो उत्सुकता भरा श्रृंगार रस याद आ जाता है। वाह, बस वाह।

गुजरे दिनों को याद करके ये गाना एक बार आज फिर सुन लीजिए। एक मुस्कान जरूर आ जाएगी चेहरे पर। लताजी, हसरत साहब और ऑर्केस्ट्रा के बादशाह शंकर जयकिशन का धन्यवाद इस रचना के लिए।

गीत मेरी नजर में

तेरे प्रभु जानते हैं बात घट घट की... बजाए जा तू प्यारे हनुमान चुटकी... बजाए जा तू प्यारे हनुमान चुटकी...

आज सुबह-सुबह एक चैनल पर फिल्म बजरंगबली चल रही थी। हालाँकि ये फिल्म सन 1976 की है मगर इसने बचपन की यादें ताजा कर दी, वो यादें जब हम बहुतायत से धार्मिक फिल्में देखा करते थे। धार्मिक फिल्में तब अधिकांशत: ब्लैक एंड व्हॉइट में होती थीं। घर में सुनी कहानियों को परदे पर देखना एक रोमांच हुआ करता था।

आज भी इस फिल्म को देखते समय वही पुराना रोमांच और भोलापन जाग उठा। राम द्वारा रावण का सिर काटा जाना और फिर नये सिर का उगना, फिर विभीषण का राम को नाभि पर तीर चलाने का निर्देश। और फिर असत्य पर सत्य की विजय। आज उस जमाने की तकनीक और ट्रिक फोटोग्राफी पर हँसी आती हो मगर उस महान कथानक पर जाने क्यों श्रद्धा दोगुनी हो गई।

'राम तुम्हारा जीवन ही एक काव्य है, कोई कवि बन जाए सहज संभाव्य है।' मैथिलीशरण गुप्त जी के ये वचन सच कितने सही हैं। राम का जीवन आदर्शों, गुणों का ग्रंथ है। इस राम कथा के एक पात्र 'हनुमान, बजरंबली' न कितने नामों से जाने जाते अंजनी पुत्र की सेवा, समर्पण, बल को कौन नहीं जानता है। हनुमान इतने बलशाली और प्रकांड विद्वान होकर भी राम के सेवक बनकर आनंदित थे। आज हम लोग छोटी-सी कोई उपलब्धि पा लें तो खुद को भगवान समझते हैं और किसी को नमस्कार करने में भी हेठी समझते हैं। हनुमान का जीवन प्रेम समर्पण की पराकाष्ठा है।

तो ये फिल्म मैंने करीब 20 मिनट देखी। रावण वध से आगे की कथा। जैसा कि फिल्म का नाम है, कथानक बजरंगबली के आस-पास ही था। तीन

प्रसंग देखे, पहला प्रसंग था जब हनुमान माला के दाने तोड़ उसमें राम सीता का नाम देखते हैं, यह प्रसंग उनकी राम सीता के लिए अनन्य भक्ति दिखाता है। दूसरे में वो पूरे शरीर पर सिंदूर पोत लेते हैं क्योंकि श्रृंगार के समय सीता उन्हें बताती हैं कि राम सीता के माँग में लगे चुटकी भर सिंदूर से प्रसन्न होते हैं सो हनुमान पूरे शरीर पर सिंदूर लगाकर प्रभु राम को ज्यादा प्रसन्न करूँ ऐसी भोली इच्छा या जिद का प्रदर्शन करते हैं। तीसरा प्रसंग मुझे मालूम नहीं था जो इस फिल्म से मालूम हुआ।

एक दिन सीता, लक्ष्मण, भरत और शत्रुघ्न मिलकर हनुमान की सेवा के अधिकार को लेना चाहते हैं। वो एक राज आज्ञा पत्र बनाते हैं जिसमें प्रभु राम की सेवा के विभिन्न हिस्सों को सीता, लक्ष्मण, भरत और शत्रुघ्न के नाम से निर्धारित कर दिया जाता है। ये एक शरारत है जिससे हनुमान को सेवा से वंचित रखने के लिए कोई भी सेवा कार्य छोड़ा नहीं गया है। हनुमान की परीक्षा है। हनुमान सूची गौर से देखते हैं और अपने लिए कोई काम नहीं पाने पर कहते हैं कि आप लोगों ने मेरे लिए तो कुछ छोड़ा ही नहीं। अच्छा ऐसा कीजिए कि रामजी को बहुत उबासियाँ आती हैं सो जब भी उन्हें उबासी आए तो मुझे चुटकी बजाकर उन्हें चैतन्य करने की सेवा का अधिकार दे दीजिए। अब आप चाहें तो इस अधिकार पत्र पर राज मुद्रिका लगा सकते हैं।

अब इस अधिकार के तहत हनुमान जी को हर पल प्रभु के साथ रहने का अधिकार प्राप्त हो जाता है। अब जहाँ-जहाँ राम, पीछे-पीछे हनुमान। रात हो चली है, शयनकक्ष में भी हनुमान, क्योंकि राम अभी जाग रहे हैं। सीता जी नाराज होती हैं। आखिर कुछ देर बाद वो हनुमान को बाहर जाने की आज्ञा देती हैं। माता की आज्ञा का पालन जरूरी है सो हनुमान बाहर चले जाते हैं। वाटिका में जाकर वो गाना शुरू करते हैं, बजाए जा तू प्यारे हनुमान चुटकी... गा रहे हैं, नाच रहे हैं हनुमान।

उधर शयन कक्ष में बिस्तर पर लेटे राम देख रहें और समझ रहे हैं। वो समझ चुके हैं, हनुमान के व्यूह को, हनुमान की चतुराई को। मंद-मंद मुस्काते हुए वो अपनी लीला शुरू करते हैं। जोर से एक उबासी लेते हैं और मुँह खुला का खुला। चुटकी बजाकर उन्हें चैतन्य करने का काम तो हनुमान का है। सो

मुँह खुला का खुला। सीता जी परेशान, ये कैसी बीमारी है कि मुँह बंद ही नहीं हो रहा है। लक्ष्मण, भरत और शत्रुघ्न बुलाए जाते हैं, वो भी परेशान। राज वैद्य आते हैं। किसी के समझ में कुछ नहीं आ रहा है। रामजी का मुँह खुला का खुला है, बंद ही नहीं हो रहा है। आखिरकर सब कहते हैं कि हनुमान को बुलाया जाए, उनके पास करीब-करीब हर विकट समस्या का समाधान है।

राज वैद्य वटीका में जाकर हनुमान को मनाकर ले आते हैं। हनुमान आकर चुटकी बजाते हैं और प्रभु राम फिर सामान्य हो जाते हैं। सब हार मानते हैं और राज आज्ञा वापस लेकर सिर्फ हनुमान को रामजी की सेवा का संपूर्ण अधिकार दिया जाता है।

ऐसे हैं हनुमान। सेवा, विनय, समर्पण से भरे। मगर सेवा के अधिकार में किसी का दखल मंजूर नहीं। इसके लिए वो अपने ज्ञान, बुद्धि चातुर्य का उपयोग जरूर करेंगे। जय बजरंबली।

काहे को ब्याहे बिदेस

एक साहित्यिक मित्र ने अमीर खुसरो का एक गीत भेजा मुझे। 'काहे को ब्याहे बिदेस, अरे लखिया बाबुल मोरे।' इस लोकगीत को कई फिल्मों में इस्तेमाल किया गया है। कई संगीतकारों ने अपने-अपने ढंग से विभिन्न रागों में बाँधा। अभी की ताजा-ताजा जयदेव की कंपोजीशन याद है। जगजीत कौर ने गाया है। बहुत ही मार्मिक है। वैसे भी लड़की की बिदाई आँखों में आँसू तो ला ही देती है। ऊपर से खुसरो साहब के लिखे बोल। भारत के ग्रामीण, पितृसत्तात्मक समाज के लिए है ये गीत। लड़की कहती है- 'हम तो बाबुल तोरे खूँटे की गैयां, जित हाँके हँक जैहैं...' सुनके कलेजा मुँह को आ जाता है। बिचारी लड़की खूँटें की गाय है। फिर एक और लाइन है 'भैया को दियो बाबुल, महले दो महले, हमको दियो परदेस...' लड़कों को संपदा का हिस्सा मिल जाता है, मगर लड़की के हिस्से आती है जुदाई, वो भी दूर, परदेस की।

ये उलाहने भी प्यार में पगे हुए हैं। लड़की घर से दूर जा रही है। घर, मोहल्ला, सखियाँ, भाई बहन, चाचा चाची, घर द्वार, वो आँगन, वो आम इमली के पेड़ सब पीछे छोटे जा रहे हैं। एक दुख है, विलाप है। पिता दिख रहा है सो उसे उलाहना देती है लाड़ली बिटिया। कोई इन्हें खुशी के आँसू कहता है कोई कुछ। हर बाप, भाई की इच्छा होती है ये आँसू उसे नसीब हों। मुझे याद है, कई साल पहले अपने बहन की शादी में फूट-फूटकर रोया था। बेटी नहीं है, बेटा है। पता नहीं अगर बेटी होती तो उसकी शादी में मेरा क्या हाल होता। सच कल्पना नहीं होती है। ये गाना सुनकर ही मन भारी हो जाता है। बेटी ब्याहते तो पगला जाते हम तो।

इसी शाम फिर एक गाना सुना, मदर इंडिया का। 'पी के घर आज प्यारी दुलहनिया चली, रोए माता-पिता उनकी दुनिया चली।' इसे शमशाद बेगम ने गाया है। नौशाद साहब की धुन है। लिखा है शकील बदायूनी ने। धुन और

बोल मार्मिक तो हैं ही और उस पर शमशाद बेगम की थोड़ी से अनुनासिक आवाज ने ग्रामीण बाला का दर्द उभारा है। गाँव की वो भोली-भाली युवती डरी-सी है। उसे अपने गुणों पर संदेह है। ये लाइन उसकी व्यथा कहती है 'कोई गुन, ढंग ना मुझमें कोई बात है, मोरे चूड़ियों की लाज अब तोरे हाथ है... तोरे संग मैं जीवन भर को सजना चली...'

वाह क्या समर्पण हुआ करता था पुराने जमाने की लड़कियों में। एक साहस भी था, एक समर्पण था। शायद इसीलिए शादियाँ टिकती भी थीं। उस जमाने के भोलेपन को प्रणाम। बेटी की शादी शायद सबसे बड़ा काम हुआ करता था। मोह, प्यार, घर की इज्जत, एक मासूम के हाथ होती थी और वो एक नये संसार को बनाने चल पड़ती थी। अपने माँ, बाप भाई, बहन के आशीर्वाद और दुआओं के साथ। सफल तो होती ही थी, और नया सुघड़ संसार की भी रचना करती थी। भारत की स्व-रहित नारी को फिर प्रणाम। 'पी के घर आज प्यारी दुलहनिया चली, रोए माता-पिता उनकी दुनिया चली।'

अभी ना जाओ छोड़ के

एक अलसाया-सा मदमस्त गीत 'अभी ना जाओ छोड़कर कि दिल अभी भरा नहीं।' थोड़ा-सा गाना शुरू होने के पहले के सीन से इसकी चर्चा करते हैं। हीरो बैठा है उदास-सा, इंतजार करता हुआ, हाथ में रिबन का गोला है जो उसे अपनी प्रेमिका को देना है। हीरोइन आती है, हीरो को आने का पता नहीं है। हीरोइन बैग से सिगार निकालकर सूँघती है। इस आवाज से हीरो उसकी ओर देखता है। थोड़े से मनुहार के बाद सिगार हीरो के होठों पर है। फिर हीरोइन उसे एक लाइटर देती है। लाइटर शुरू करने पर लौ के साथ धुन निकलती है। 'टिंग ना डींग ना टिंग ना डींग' यहाँ जयदेव, इस फिल्म के संगीतकार अपना जादू फैलाना शुरू करते हैं। इस गाने में लाइटर की आवाज का परिचय है। इस म्यूजिकल लाइटर का इस्तेमाल वो दूसरे गाने 'हर फिक्र को धुएँ में उड़ाता चला गया' में करते हैं।

खैर, हम 'अभी ना जाओ छोड़कर कि दिल अभी भरा नहीं' पर आते हैं। तो इस सिगार पान के बाद अगले शॉट में देव आनंद साहब जमीन पर लेटे हुए हैं। साथ बिताए कुछ हसीन पलों को पलकों में मूँदे। धीरे से साधना उठती हैं। देव आनंद की आँखें बंद हैं। वो धीरे से आँचल सँभालते हुए उठकर चलना शुरू ही करती हैं कि उनके बालों से बँधा वो रिबन जिसका दूसरा छोर देव के हाथ में है, उन्हें उठा देता है। ये सीन के वर्णन का मकसद है, क्योंकि इस वर्णन के बाद ही गीत की खूबसूरती सामने आती है। मिलन के पल खत्मकर, यार चला है, वो मदमस्त आलम खत्म, एक आलस है और इसी आलस को रफी साहब की आवाज दर्शाती है। 'अभी ना जाओ छोड़कर...' इस लाइन का 'अभी' और छोटा-सा गैप ध्यान से सुनिए। एक मादकता, एक आलस महसूस होगा। इस 'अभी' पर कुर्बान।

सो देव साहब याचना कर रहे हैं- 'के दिल अभी भरा नहीं...' साधना एक

अंतरे में कहती हैं- 'यही कहोगे तुम सदा की दिल अभी नहीं भरा, जो खत्म हो किसी जगह ये ऐसा सिलसिला नहीं।' यही तो है कि प्रेमी का दिल भरता ही नहीं है- 'नशे के घूँट पी तो लूँ...' उधर लोक-लाज है, ढलती शाम है, संकोच है- 'अगर मैं रुक गई अभी तो जा ना पाऊँगी कभी।' ऐसे ही चाहतों, बंधन से कविता जवान होती है। विरोधाभास कविता की खूबसूरती बढ़ा देता है।

इस लाजवाब शायरी के रचयिता हैं महान शायर साहिर लुधियानवी। इस क्रांतिकारी शायर ने कई बेहतरीन रोमांटिक गीत भी लिखे हैं, ये गाना उनमें से एक है। जयदेव साहब का संगीत है। वाह क्या कंपोजीशन है। धुन और आवाज का अद्भुत मेल। तबला, बाँसुरी, जलतरंग बस ऐसे चार वाद्य। मन को सुकून से भर देते हैं। कोई ऑर्केस्ट्रा की भीड़ नहीं आपको लुभाने के लिए। मेलोडी क्या है ये गीत से समझ आता है। रफी साहब और आशा जी के आवाज को पूरी कलाकारी और छूट देती है ये धुन। दोनों वो अलहड़पन, वो मद, वो प्रणय, वो मनुहार पैदा करते हैं कि गीत कर्णप्रिय बन जाता है। कभी भी सुनो, वही पुराना नशा... सन 61 से चढ़ा है अभी भी उतरता नहीं है।

इस गाने का एक बार फिल्म में और इस्तेमाल होता है। वो आशाजी की आवाज में है, उस गाने में हताश देव को साधना जिंदगी का सबक देती हैं। थोड़ी शिक्षाप्रद लाइनें हैं- 'जहाँ में ऐसा कौन है जिसको गम मिला नहीं...' वगैरह वगैरह। लेकिन गाने के इस भाग को ज्यादा सुना या याद किया नहीं जाता है। हम हिंदुस्तानी गाने वगैरह में श्रृंगार रस को ही ज्यादा प्रधानता देते हैं।

ये सिर्फ कर्णप्रिय ही नहीं, देखने में भी बहुत अच्छा है। ये स्टूडियो का शूट है सो प्राकृतिक सौंदर्य इतना नहीं मगर एक बार गाना शुरू होता है तो देव आनंद और साधना के अल्हड़पन, खूबसूरती से दर्शक बँध जाता है। फिर कहूँगा कि ब्लैक और व्हॉइट फिल्मों में देव साहब से ज्यादा सुंदर कोई दिखा नहीं। वो बालों का फुग्गा, वो एक हँसी जिसमें एक टूटा दाँत दिखता था, सही में लड़कियाँ मरा करती थीं उनकी इस हँसी पर। वैसे ब्लैक और व्हॉइट फिल्मों में मेरे दूसरे फेवरेट में धर्मेंद्र और मधुबाला हैं, खूबसूरती में।

तो इस गाने के लिए सिर्फ इतना कि कई साल हो गए मगर 'दिल अभी भरा नहीं!'

माई री मैं कासे कहूँ पीर अपने जिया की

माई रे मैं कासे कहूँ पीर अपने जिया की... (राग बागेश्री)

मेरे पसंदीदा गानों में से एक गाना और है जो अभी कुछ देर पहले सुना और लिखने का मन बन गया। संगीत के सुरीले राजकुमार, मदन मोहन साहब की कंपोजीशन है, फिल्म दस्तक का गीत है। लता मंगेशकर, जिन्हें मदन मोहन साहब बहन मानते थे, उन्होंने गाया है ये गीत। लिखा है मजरूह सुल्तानपुरी ने।

माई री मैं कासे कहूँ पीर अपने जिया की, माई रे मैं कासे कहूँ पीर अपने जिया की... एक विरह, गम की मारी नारी के स्वर की व्यथा को इतने दर्दनाक स्वर में गाया है लताजी ने कि उफ्फ निकलती है दिल से। अपने जिया की पीर, पीड़ा सुनानी है, और कोई मिल नहीं रहा है।

पहला अंतरा ज़रा ध्यान से पढ़िए-

'ओस नयन की उनके मेरी लगी को बुझाए ना,
तन मन भिगो दे आके ऐसी घटा कोई छाए ना।
मोहे बहा ले जाए ऐसी लहर कोई आए ना...
ओस नयन की उनके मेरी लगी को बुझाए ना,
पड़ी नदिया के किनारे मैं प्यासी...
माई री मैं कासे कहूँ पीर अपने जिया की, माई री...

आम तौर पर गीतों में अंतरे में मीटर बदलता नहीं है, मगर यहाँ पहली तीन लाइनें एक तुक पर चलती हैं। बुझाए ना, छाए ना, आए ना... फिर पहली लाइन के रिपीट के बाद का रिदम बदलता है और चौथी लाइन में एक अलग शब्द पर खत्म होता है 'प्यासी' और फिर प्यासी से सुर उठाकर माई री पर ले जाते हैं। ये जादू इसी तिकड़ी से संभव था।

एक बात और ध्यान देंगे। अंतरे के बाद अचानक कई वाद्य एक साथ

बजकर एक कोलाहल-सा पैदा करते हैं। मुख्य धुन से अलग ये कोलाहल होता है और फिर वही धीमी-सी बहती लय... ये कंट्रास्ट का जादू मदन मोहन ही पैदा करते थे। एक और गाना है- 'तुम जो मिल गए हो तो ये लगता है के जहाँ मिल गया...' उसमें भी अंतरे के बाद एक तेज म्यूजिक बजता है, काफी वाद्यों के साथ फिर वो बाद में मुख्य धुन में समो जाता है।

बाकी के अंतरे भी उतने ही दमदार हैं। एक अर्थपूर्ण शायरी (गीत) है मजरूह साहब की जो नारी व्यथा को सीधे-सादे शब्दों में कहती है। 'लट में पड़ी कैसी बिरहा की माटी, माई री...' वाह! बालों में विरहणी के मट्टी का लगना बहुत कम बार इस्तेमाल हुआ है, मगर विरह को इससे अच्छा और कैसे कहें, क्योंकि नारी के बाल हमेशा काढ़े हुए ही होते हैं।

लताजी के महानतम गानों में से एक है ये। उन्होंने मदन मोहन की धुन को ऊँचाई दी है। कभी मौका लगे तो मदन मोहन द्वारा गाया यही गीत सुनिए, उतने उतार-चढ़ाव, सुरों से खिलवाड़ तो नहीं मिलेगा, उन्होंने सादगी भरे करीब-करीब सपाट स्वरों में गाया है फिर भी अच्छा लगता है। और ये इसलिए अच्छा लगता है क्योंकि म्यूजिक कंपोजीशन ही इतनी दमदार है कि कोई भी गायक उसमें खप सकता है। फिर लताजी अगर इसे गाएँ तो चार चाँद लगना मुहावरा चरितार्थ होता है।

दिलबर मेरे कब तक मेरे दिल को तड़पाओगे

आज कार चलाते समय सुना एक गाना कई विचारों को जन्म दे गया। ये मेरी पसंदीदा फिल्मों में से एक फिल्म सत्ते पे सत्ता का है। एक चंचल-सा गीत है, खूबसूरती से पिक्चराइज किया गया है, फिल्म के सभी पात्र दिख जाते हैं इस गाने में। आर डी बर्मन का संगीत है, गुलशन बावरा का लिखा गीत है। आरडी बर्मन का संगीत इस फिल्म में खिलंदड़ा-सा है, करीब-करीब सारे गाने मस्ती के माहौल वाले हैं, यानी कि हँसता खिलखिलाता सीधा-सादा। हाँ एक लाजवाब कंपोजीशन है गाने 'दिलबर मेरे कब तक मुझे तड़पाओगे, मैं आग दिल में लगा दूँ तो...' बेहतरीन उतार-चढ़ाव था इस गाने में।

एक और गाना है- 'दुक्की पे दुक्की हो या सत्ते पे सत्ता, गौर से देखा जाए तो है पत्ते पे पत्ता...' ताश के पत्तों में छुपा दर्शन। ये जो जोड़ियाँ बन रही हैं यही तो है दुक्की पे दुक्की है और सत्ते पे सत्ता है। गाना शुरू होता है तो कैमरा सचिन और रजनी शर्मा पर है। सात भाइयों से सबसे छोटा, कद और उम्र में सचिन ही दिख रहा है, और उसी तरह रजनी भी छोटी-मोटी गोल मटोल। फिर अगले शॉट में कैमरा जाता है सबसे लंबे और उम्र में बड़े कँवलजीत और आशा सचदेवा पर। तो एक जोड़ी है दुक्की की तो दूसरी हो गई सत्ते जोड़ी। दोनों जोड़ियाँ खुश अपने-अपने पूरक को पाकर। दुक्की पे दुक्की, सत्ते पे सत्ता, छोटा हो या बड़ा थोड़ा गौर से देखें तो भाई ये पत्ते पर पत्ता मतलब इंसान ही हैं। कोई न छोटा ना कोई बड़ा। फिर अगली लाइन है 'कोई फरक नहीं अलबत्ता, कोई फरक नहीं अलबत्ता।' अगर ये भाव आपने रखा है कि सब एक बराबर हैं तो किसी तरह का फर्क नहीं होगा। ये अलबत्ता शब्द बहुत कम इस्तेमाल होने वाले शब्दों में से है, शायद आजकल की पीढ़ी ने इस शब्द को इस्तेमाल भी नहीं किया होगा। अलबत्ता का इस्तेमाल बेशक, निस्संदेह के लिए भी होता है और परंतु, माना कि के लिए भी होता है। सो

इस गाने में बेशक ही सही है। वैसे परंतु भी फिट बैठता है। कोई फरक नहीं अलबत्ता, इस गाने में कम-से-कम 34 से 38 बार हुआ है। सो अलबत्ता शब्द को मैंने समझाने का प्रयास किया। वैसे समझाऊँ या नहीं, 'की फरक पैंदा... क्या फरक पड़ता है।'

खैर, अगले अंतरे में भी ताश के पत्तों में दर्शन है। 'तू मेरे दिल का राजा है, या तेरे दिल की मैं रानी... तू मेरी बाहों में है या मैं तेरी बाहों में हूँ... बनेगी वही कहानी...' सच कैसा भी कहो, प्यार तो हो ही जाता है। मेरी बाहें तेरी बाहें की जगह हमारी बाहें हो जाती हैं।

बाकी के दो अंतरे किस्मत और मिलने-मिलाने वाले भावों पर हैं... कोई खास चर्चा लायक नहीं। गाना गया है, भूपिंदर, आशा भोसले, किशोर कुमार और एक दो आवाजें और भी हैं... दुक्की पे दुक्की एक हँसता खिलखिलाता गीत जो यूँ ही कह जाता है सब बराबर हैं, और खरबूजा छुरी पर गिरे या छुरी खरबूजे पर, मीठा और रसीला खरबूज खाने जरूर मिलेगा। अपनी-अपनी दुक्की, तिक्की, सत्ती की जोड़ी के साथ खुश रहें।

अरे हाँ, फिल्म के हीरो (अमिताभ) के अपने जीवन में दुक्की पर नहला है, मगर क्या शानदार जोड़ी है।

कोई हसीना जब रूठ जाती है तो

गानों के बारे में चर्चा होती है तब बहुत अच्छी शायरी, सुमधुर धुन, गाने का निराला अंदाज आदि खूबियों का बखान किया जाता है।

एक गाना बहुत लोकप्रिय है। करीब-करीब सभी ने इसे कई बार सुना होगा। इतनी जबर्दस्त लोकप्रियता के बावजूद इसे कोई फिल्म समीक्षक, कोई जानकार अपने पसंदीदा 10, 25 या 50 गानों की लिस्ट में नहीं रखता है। गीत है- 'कोई हसीना जब रूठ जाती है तो, है तो, और भी हसीन हो जाती है। टेशन से गाड़ी जब छूट जाती है तो, है तो एक दो तीन हो जाती है।'

अब बताइए साहब क्या खास बात है गाने में? गीत या शायरी तो नहीं है ये, शुद्ध तुकबंदी है। एक दो तीन हो जाती है... ये कौन-सी वाक्य संरचना है? हसीना का रूठना और नमकीन होना तो होता है मगर गाड़ी का छूटना और एक दो तीन होना ऐसा कभी नहीं सुना। आरडी बर्मन साहब की दिल छू लेने वाली धुनों के मुकाबले इस गाने का संगीत औसत है।

अब चलिए, ये गाना अच्छा क्यों लगा ये जानने की कोशिश करते हैं।

आनंद बक्शी साहब को कभी एक उम्दा शायर या गीतकार का दर्जा नहीं मिला। उन्होंने 'चिंगारी कोई भड़के, तो सावन उसे बुझाए' जैसे अभूतपूर्व गीत लिखा है, फिर भी उन्हें कभी उच्च स्तर का गीतकार नहीं माना गया। खैर इस गीत को तुकबंदी की श्रेणी में रखने के बावजूद कई नटखट शब्दों का प्रयोग सुनने वालों का ध्यान खींचता है। नमकीन शब्द का इस्तेमाल नायिका के लिए गीतों में अक्सर नहीं हुआ है। आम तौर पर गीतों में वर्णित नायिका, कोमलांगिनी, बर्फ-सी सफेद, गुलाब-सी नाजुक आदि हुआ करती हैं। उसके अलावा जो आस-पास कामकाजी महिलाएँ हैं उनको कैसे शायरी में लाएँ। महिलाएँ जो पसीना बहा रही हैं, जुल्फें सँवारने का वक्त नहीं है फिर चेहरे पे जो कशिश है उसे रसिक शायर, बहते पसीने के खारेपन से जोड़कर एक शब्द

देता है 'नमकीन' है न नयी उपमा... ऐसी रोजमर्रा की उपमा को सुनने वालों ने हाथों-हाथ लिया। शायद गीत की सफलता में नमकीन शब्द का बड़ा हाथ है।

फिर इस नखरैल, तेज-तर्रार ताँगेवाली के हाथ में चाबुक भी है, और सड़क साफ करने के लिए कुछ अपशब्द भी। ऐसे में अगर आनंद बक्शी साहब ये लिखें तो लोग दाद तो देंगे ही। 'हाथों में चाबुक होठों पे गालियाँ, बड़े नखरेवालियाँ होती हैं ताँगेवालियाँ... कोई ताँगे वाली जब रूठ जाती है तो, है तो और नमकीन हो जाती है।' यहाँ पर गालियाँ फिर नखरेवालियाँ, इन शब्दों के प्रयोग से सुनने वाले के चेहरे पर मुस्कुराहट आ ही जाती है। ये आम आदमी का श्रृंगार रस है। मतलब ये कि पूरी शरारत है गाने में और दर्शक इसका मजा लेते हैं। अब संगीत पक्ष पर। ताँगे पर हीरो-हीरोइन बैठे हैं और इस सिचुएशन पर कई गाने बनाए गए हैं। टप्पे के बादशाह ओ पी नैयर साहब का गीत 'माँग के साथ तुम्हारा... माँग लिया संसार...' या फिर 'जरा हौले हौले चलो मोरे साजना...' दोनों गाने ताँगों पर पिक्चराइज किए गए हैं। घोड़े की टाप का बेमिसाल इस्तेमाल धुन में किया गया है। इसके अलावे और कई गाने हैं जो घोड़ागाड़ी पर पिक्चराइज किए गए हैं, मसलन 'ऐ दिल है मुश्किल जीना यहाँ, जरा बच के जरा हट के ये है बॉम्बे मेरी जान' आदि।

मतलब ये कि ताँगे वाली सिचुएशन पर अब आरडी साहब को कुछ नया करना था। सो इस औसत टप्पे वाली धुन में वो अपनी जादूगरी डालते हैं। घोड़े की टाप को घुँघरू के साथ जोड़ते हैं, और एक नया इफेक्ट पैदा होता है। उसी तरह बीच-बीच में जैसे ठुमरी आदि में गायक एक विराम लेते हैं वो भी उन्होंने लिया है। और इस ब्रेक में घोड़े के हिनहिनाने वाली आवाज को धुन में बड़ी खूबसूरती से समो लिया है। साथ-ही-साथ साइकल के भोंपू की आवाज का भी बढ़िया इस्तेमाल है। गाने की धुन के फिलर में ट्रेन की सीटी का बजना भी है (पाकीजा में ट्रेन की सीटी की आवाज का इस्तेमाल अभी तक के सभी गानों में शायद अद्वितीय था)।

अब आते हैं गायक किशोर कुमार पर। तो उनके गले का जादू तो है ही और वो धर्मेंद्र के खिलंदड़े स्वभाव और पात्र को सूट करता है। गाने के श्रव्य पहलू के अलावा गाने के दृश्य पहलू का भी बड़ा योगदान है इस गीत की

लोकप्रियता में। शोले हिट हुई तो गाने हिट होने ही थे। इस गाने में धर्मेंद्र और हेमा मालिनी की छेड़छाड़ है, नोक-झोंक है, वो प्यार भी आँखों में दिखता है और इन तीन का मिश्रण गाने को लोकप्रिय बना देता है। दर्शक ने इन दो-तीन नये प्रयोगों और प्यार की केमेस्ट्री को पास किया और गाने को हाथों-हाथ लिया। गाने के बीच में हेमा मालिनी का वो 'हट साले' एक मुस्कान ला देता है।

तो मानते हैं न कि ये साधारण नहीं असाधारण गीत है?

रुक जा रात ठहर जा रे चंदा

अगर कोई पूछे कि कौन-सा ऐसा गाना है जिसे सुन के मन में उदासी तो आती है मगर बार-बार सुनने का मन करता है तो एक गाना मेरे जहन में आता है 'रुक जा रात ठहर जा रे चंदा, बीते न मिला की बेला, आज चाँदनी की नगरी में अरमानों का मेला।'

मेरे हिसाब से ये एक संपूर्ण गाना है। पूरी फिल्म का निचोड़ इस गाने में आ गया है। गाने को समझाने के लिए थोड़ा-सा इस फिल्म की कहानी संक्षेप में कहता हूँ। मीना कुमारी और उनके पति राजकुमार, जो अब एक दुरूह बीमारी का इलाज करवा रहे हैं, वो राजेंद्र कुमार के अस्पताल में आते हैं। राजेंद्र कुमार मीना के पुराने आशिक हैं। ये बात राजकुमार को क्रमशः पता चलती है। फिर अब उनका एक जटिल ऑपरेशन होना है जो राजेंद्र कुमार ही करने वाले हैं। ये नये-पुराने इश्क, नयी प्रतिबद्धता, त्याग समर्पण, शक आदि के कई पेंच हैं। राजकुमार सोच रहे हैं कि अगर वो इस ऑपरेशन में मर जाते हैं तो मीना अपने पुराने प्रेमी से शादी कर लें। राजेंद्र कुमार के लिए उसकी डॉक्टरी का धर्म है, पुरानी मोहब्बत है। मीना कुमारी का पुराना प्यार है, भारतीय नारी के सिंदूर का सवाल है आदि आदि... खैर होता वही है, जो अपेक्षित है। ऑपरेशन कामयाब, हिंदुस्तानी नारी का सुहाग बचता है। प्रेमी डॉक्टर अत्यधिक काम और स्ट्रेस की वजह से मौत के आगोश में। फिर डॉक्टर की याद में एक मूर्ति। सभी का उस अस्पताल से जुड़ जाना वगैरह वगैरह...

'रुक जा रात ठहर जा रे चंदा...' इस गाने की सिचुएशन है कहानी के अंतिम भाग में। ऑपरेशन के पहले की रात है। कल क्या होगा, जिंदगी, मौत, धोखा, फरेब, त्याग ना जाने कौन-कौन से भावों से तीनों पात्र भरे हुए हैं। राजकुमार मीना कुमारी जी से गुजारिश करते हैं कि वो उन्हें फिर से उस

सुहागरात वाले जोड़े में देखना चाहते हैं। इस बैचेनी, दुख से भरी रात में मीना कुमारी के लिए ये काफी कठिन है लेकिन कसमों का वास्ता देकर उन्हें ये सुहाग का जोड़ा पहनना पड़ता है।

आँखों में ढेर सारे आँसू, चेहरे पर चिंता की लकीरें... पूरे श्रृंगार के साथ मीना कुमारी जब दरवाजे से आती हैं तो समझ में आता है कि मीना कुमारी को महान अभिनेत्री क्यों कहा जाता है। उनकी वो एक सिसकी पूरा किस्सा कह जाती है। खिड़की खोलकर चाँद से मनुहार करती मीनाजी 'रुक जा रात ठहर जा रे चंदा, बीते न मिला की बेला', आँसू न उनके थमते हैं ना दर्शकों के। इस आखिरी-सी लगती रात को वो इतना लम्बा खींचना चाहती हैं कि वो पूरी जिंदगी इस रात में जी लें। इस रात में उनके अरमानों का जो मेला लगा है, वो सदा लगा रहे।

पहले अंतरे में ये लाइनें पढ़ें- 'पहले मिलन की यादें लेकर आई है ये रात सुहानी... दोहराते हैं फिर ये सितारे, मेरी तुम्हारी प्रेम कहानी।' वाह! इतने अच्छे शब्द तो शैलेंद्र जैसे कवि ही लिख सकते हैं। रात और वो कहानी... फिर लताजी धीरे से दोहराती हैं- 'मेरी... तुम्हारी... प्रेम कहानी...' ये जो दोहराव है शब्दों का, ऐसा लगता है सीने में एक बर्छी धँस गई हो। मेरे तो रोंगटे खड़े हो जाते हैं इस कोमल स्वर से। फिर स्वर उठता है... 'रुक जा रात...' आह! बेमिसाल शब्द और वो धुन का जादू... शंकर जयकिशन की ये रचना कमाल की है। कोमल, झूला-सी झुलाती धुन जो एक नॉस्टैल्जिया की भावना पैदा करती है। कमाल की कंपोजीशन है।

दूसरा अंतरा है- 'कल का डरना काल की चिंता, दो तन हैं मन एक हमारे... जीवन सीमा के आगे भी मैं, आऊँगी मैं संग तुम्हारे...' फिर वही जादू। कल की चिंता तो है लेकिन कुछ हुआ तो मैं वहाँ तक आऊँगी। ये सावित्री अपने सत्यवान के लिए यमराज से भी भिड़ने को तैयार है। अंतरे के अंत में फिर एक बर्छी चलती है जब लताजी सॉफ्ट आवाज में दोहराती हैं- 'आऊँगी मैं संग तुम्हारे।'

ये गाना अद्वितीय है। मैंने जो पहले लिखा है कि कौन-सा गाना उदास कर देता फिर भी सुनने का मन करता है, उसकी जगह यूँ लिखता हूँ उदास

करता है, साथ-साथ पुराने वक्त की मधुर यादों के साथ आगे देखने की भी इच्छा जगाता है। ये है वो गाना।

अब पढ़ लिया तो एक बार फिर सुनिए इसे, देखिए यूट्यूब पर। सचमुच, आपके भी पसंदीदा गीतों कि लिस्ट में शामिल हो जाएगा ये गाना। मीना कुमारी, लताजी, शंकर जयकिशन और शैलेंद्र की कला को सलाम। ये पाँचों इसे अविस्मरणीय गीत बनाते हैं।

ढूँढ़ो ढूँढ़ो रे साजना

'ढूँढ़ो ढूँढ़ो रे साजना, मोरे कान का बाला... मोरा बाला चंदा का जैसे हाला रे... जा में लाले लाले मोतियन की बाला...' नौशाद जी द्वारा बनाई धुन इतनी मधुर और कर्णप्रिय है कि कानों में इसका अल्हड़पन गूँजता ही रहता है दिन भर। इस धुन में शब्दों की जादूगरी की गई थी शकील बदायूनी द्वारा। और वो लताजी की मधुर मीठी आवाज का जादू, बस मन खो-सा जाता है कहीं इसे सुन के। ये फिल्म 'गंगा जमुना' से है। इस गाने के बारे में सोचते-सोचते महसूस हुआ कि ये गाना सिर्फ सुनने का नहीं बल्कि सोचने वाला भी है। फिल्म में ये आता है और अगर गौर से सुनें तो कई अनकही बातें भी कह जाता है। गानों का जादू यही होना चाहिए, सुनने वाले को एक नयी दुनिया में ले जाए, कुछ अनकहा भी सुनाई दे जाए, तभी तो वो पूर्णता प्राप्त करता है।

फिल्म गंगा जमुना में ये गाना आता है, मिलन के पहली रात के बाद की पहली सुबह के समय। वो रात, वो शादी जो बीहड़ में संगीनों के साये में, कानून से बहुत दूर जंगल में बने एक खंडहर में बीतती है। हिरोइन वैजयंती माला और दिलीप कुमार की शादी होती है एक वर्ग संघर्ष, व्यवस्था संघर्ष (छोटी जाति की नायिका, ऊँची जाति का नायक, कानून से फरार नायक, बचपन की दोस्ती) के बाद। कैसी भी हो शादी है, कुछ श्रृंगार रस तो है ही। सुबह उठकर वैजयंती माला के हाथ एक ही झुमका (बाला) लगता है। दूसरा तो अनजाने में दिलीप कुमार के कुरते के पीछे फँसा हुआ है जो दोनों को नहीं दिख रहा है।

शर्म से बावली हुई जा रही वो गाँव की बाला इधर-उधर ढूँढ़ रही है अपना बाला, झुमका। गाँव की बोली, भोजपुरी, वो गाँव का भोलापन क्या नहीं था फिल्म में। साउथ की वैजयंती माला थी ही नहीं, वो तो धुर-देहातन थी यूपी की, अवध की... सचमुच, बेहतरीन लगी थीं वैजयंती माला इस फिल्म में।

बाकी के कलाकार तो हिंदी बेल्ट की पृष्ठभूमि के थे मगर वैजयंती माला, सचमुच कमाल थीं इस फिल्म में। खैर, वो नृत्य की लय पर गाने के साथ झुमके की खोज शुरू होती है, और दर्शकों का मन एक भँवर में डूब-सा जाता है।

पहला अंतरा है- 'मैं सोई थी अपनी अटरिया, सपनों ने डाका डाला... लुट गई निंदिया, गिर गई बिंदिया... कानों से खुल गया बाला... बलम मोरा बाला चंदा का जैसे हाला रे, जा में लाले लाले मोतियन की बाला...' वाह! क्या सरल से शब्दों में सुहागरात का वर्णन है। कोई अश्लीलता नहीं। इस ख्वाब की रात में सपनों ने छल तो करना ही है। वाह!

एक और अंतरा है- 'बाला मोरा बालेपन का हो गई रे जा की चोरी, ओ छैला तोरा मनवा मैला... लागी नजरिया तोरी... बलम मोरा बाला चंदा का जैसे हाला रे, जा में लाले लाले मोतियन की बाला...' गाँव की भोली अल्हड़ लड़की अपने प्रेमी को ऐसे ही तो उलाहना देगी ना- ओ छैला तोरा मनवा मैला... लागी नजरिया तोरी।

गंगा जमुना, एक बेहतरीन फिल्म और उसका ये एक नायाब गीत। पुराना सोना, जब मन करे देखकर आनंद लें। कई बार शब्द कम पड़ जाते हैं बताने में कि रस क्या है, स्वाद क्या है। शायद इसलिए कबीर कह गए हैं- 'गूँगा केरी सरकरा, खाए औ मुस्काए।' गूँगा सरकरा (शक्कर) के स्वाद को सिर्फ मुस्कुराकर ही बता सकता है।

आपकी नजरों ने समझा प्यार के काबिल मुझे

आँखें बंद कर सोचिए, मंद-मंद हवा आपके बदन को छू रही है, एक खामोशी है, आप झूले पर हैं, कोई धीरे-धीरे झूला झुला रहा है। एक शांति, समाधि का अनुभव है। ऐसा ही होता है जब सुरीले मदन मोहन कोई कंपोजीशन बनाते हैं और लताजी उसे स्वर देती हैं। मन करता है बस स्वर लहरी, मधुर आवाज और शब्दों के हिंडोले में झूलते रहें। ऐसे ही एक गाने पर आप सभी का ध्यान लाना चाहता हूँ।

सन 1962 में एक फिल्म बनी थी 'अनपढ़', मैंने तो नहीं देखी है और शायद आप सभी ने भी नहीं देखी होगी। धर्मेंद्र, माला सिन्हा और बलराज साहनी इसमें मुख्य कलाकार थे। संक्षेप में कहानी यूँ थी कि माला सिन्हा रईस बलराज की बहन थीं, लाड़-प्यार में पली थीं और स्कूल भी नहीं गई थीं। अनपढ़, फूहड़, घर के कामों से अनभिज्ञ। ससुराल में सम्मान नहीं मिलता है, मगर भरपूर प्यार देने वाला पति है, धर्मेंद्र। ब्लैक एंड व्हॉइट में धर्मेंद्र और माला सिन्हा दोनों बेहद खूबसूरत दिखे हैं। ये गाना उन्हीं पर पिक्चराइज किया गया है। पिक्चराइजेशन में ऐसा कोई खास कमाल नहीं है, मगर गाने की कोमलता पूरे ढंग से व्यक्त होती है।

कमाल का गीत लिखा है राजा मेहँदी अली खान ने।

गाना शुरू होता है, हल्की-सी जलतरंग और तबले और पियानो की धुन से करीब 15 सेकंड, फिर लताजी की आवाज का जादू- 'आपकी नजरों ने समझा प्यार के काबिल मुझे...' एक प्यार की दीवानी अपना समर्पण कह रही है। अपनी आवाज के जादू से लताजी ने नारी का समर्पण पूर्ण रूप से कह दिया इसी एक लाइन में। दूसरी लाइन में जब वो गाती हैं कि- 'दिल की ऐ धड़कन ठहर जा मिल गई मंजिल मुझे', तो लगता है ये समर्पित प्रेयसी सच में मौत को गले लगाना चाहती है क्योंकि उसे वो मिल गया जिसकी उसे

चाहत है।

क्या खूब लिखा है राजा मेहँदी अली साहब ने। एक अंतरे की दो लाइनें छू जाती हैं- 'क्यों मैं तूफाँ से डरूँ, मेरा साहिल आप हैं... कोई तूफानों से कह दे, मिल गया साहिल मुझे...'

वाह एक-एक लाइन बेशकीमती है। पूरा गाना एक मद्धम लय में बजता रहता है। गंगाजी के निर्मल पानी में बहती नाव, वो खुशनुमा चाँदनी, हल्की-सी हवा। कम-से-कम वाद्य बजे हैं इस गाने में, है खुशनुमा धुन और आवाज का उतार-चढ़ाव। आँखें बंद कीजिए छोड़ दीजिए अपने-आप को, एक बार आँखें बंद कर इस गाने को महसूस कीजिए। यूँ ही नहीं ये गाना 55 साल से करीब-करीब हर संगीतप्रेमी के पसंदीदा गानों में से एक है।

'आपकी नजरों ने समझा...' लताजी, मदन मोहन साहब आपकी रचना ने कर दिया मुरीद हमें।

पिया तोसे नैना लागे रे

बहुत दिनों से एक गाना बार-बार कह रहा था कि मैं तो तुम्हारे पसंदीदा गानों में से एक हूँ फिर भी मेरे ऊपर कुछ नहीं लिखा। एक दिन अचानक इस गाने को एक चैनल पर देखा और विचारों की दौड़ शुरू हो गई।

'पिया तोसे नैना लागे रे, जाने क्या हो अब आगे रे...' वाह! शृंगार रस भी क्या अद्‌भुत रस है। खासकर पुराने जमाने का रोमांस। उस रोमांस में वो जो बात है आजकल के नौजवानों को शायद ही समझ में आए। आँखों-ही-आँखों में ढेर-सी बातें हो जाया करती थीं। नैना लड़ जाना प्यार की शुरुआत के साथ-साथ इजहारे-इश्क का उत्कर्ष भी होता था। 'नैना लड़ जइहें रे भैया तो मन में कसक होइबे करी' से लेकर 'आँखों आँखों में बात होने दो, मुझको अपनी बाहों में सोने दो' तक बस नैन, आँखें, नैना। बस यही सब होता था मन का करार छीनने के लिए, वो पेट में एक गोला-सा उठने के लिए, दीवाना बना देने के लिए। ये नजरें जब उठती हैं तो दुआ बनती हैं, झुकती हैं तो हया और जब उठकर झुकती हैं तो अदा भी बन जाती हैं। बस ये जो शृंगार रस की शुरुआत और अंत हैं। नैना पुराण में कजरारे नैनों से लेकर मदहोश, गुलाबी आँखों के किस्से हैं। लेकिन हाय आजकल आँखें अक्सर चार हो नहीं पाती हैं। या तो लड़के को चश्मा है या लड़की को, या दोनों को। आँखें चार की जगह, छह से लेकर आठ कुछ भी हो जाती हैं। लेसिक सर्जरी, चश्मा, कंटेक्ट लेंस आदि ने वो आँखों का कातिलानापन शायद छीन लिया है और वो किस्से बंद होने की कगार पर हैं।

ओह हो...! ये नैना आँख पुराण छोड़ हम गाने पर आते हैं।

सन 65 की सफलतम फिल्मों में से एक फिल्म 'गाइड' एक शानदार फिल्म है। सधा निर्देशन, अभिनय, कहानी, अदायगी... क्या नहीं था इस फिल्म में। एक-से-एक गाने, नृत्य, सब।

मेरी पसंदीदा फिल्मों में से एक थी यह फिल्म।

'पिया तोसे नैना लागे रे, जाने क्या हो अब आगे रे...' ऐसे गाना शुरू होता है वहीदा जी के साइड पोज से। वो गर्दन का हल्का-सा मोड़, वो बड़ी-बड़ी भावप्रवण आँखें। गाना धीरे से शुरू होता है जब इन लाइनों को लताजी गुनगुनाती हैं। बस ऐसा लगता है हमारे नैन तो लड़ चुके हैं और अब जो होना है हो जाए।

गीत लिखा है महान कवि शैलेंद्र ने, संगीत है सचिन देव का। गाना सुनने के साथ दर्शनीय भी है, और क्यों ना हो जब एक महान निर्देशक विजय आनंद हों जिनके गाने फिल्मांकन में अनूठा कैमरा वर्क और ट्रॉली शॉट लिए हुए होते हैं। शैलेंद्र अपनी सीधी-सादी शब्दावली के लिए प्रसिद्ध रहे हैं। शृंगार रस पर शायद कम गाने लिखे हों उन्होंने, मगर जब भी लिखा खूब लिखा। दरअसल ये गीत भावप्रवणता से अधिक एक नृत्य गीत है। ऐसे गीतों में तेजी को महत्त्व दिया जाता है। शब्द झरने चाहिए, चाहे भावों की अभिव्यक्ति उतनी हो या ना हो।

पहले अंतरे को लेते हैं- 'जग ने उतारे, धरती पे तारे, पर मन मेरा मुरझाए...' इसमें ज्यादा भाव नहीं हैं, शब्द झर रहे हैं, नृत्य चल रहा है। एक उत्थान पर गाना आता है- 'आ सजन पायल पुकारे, झनक झन-झन झनक झन-झन...' और इन तेज गति से गाए शब्दों के बाद गाना सम पर आता है एकदम से- 'पिया तोसे नैना लागे रे, जाने क्या हो अब आगे रे...' बिखरे-बिखरे से भाव हैं अंतरे में, मगर शब्दों को जिस लय से लताजी गा रही है उस पर आँख बंद कर ऐसे बैठें तो ऐसे लगता है जैसे तेज चलती रोलर कोस्टर ट्रेन में बैठे हैं तो अंतरा खत्म होने पर यूँ लगता है मानो ट्रेन एक ऊँचाई पर गई वहाँ से अचानक नीचे... नीचे... फिर सम पर आकर फिर शुरू हुई है।

अब दूसरे अंतरे में दूसरा भाव। बात होली की हो रही है। अंतरा शुरू होता है- 'आई होली आई...' फिर बदन भीगता है और फिर वही अंतरे की आखिरी लाइन तेजी से 'तन-बदन मोरा काँपे थर-थर, धिनक धिन-धिन धिनक धिन-धिन...' और सम पर आते हुए 'पिया तोसे नैना लागे रे, जाने क्या हो अब आगे रे।'

वाह क्या बात है! कान तृप्त हो जाते हैं। साथ-साथ वहीदा जी का शानदार नृत्य। फिल्म में इस नृत्य के समय वहीदा जी की मनस्थिति कुछ ऐसी है कि उन्हें अपने निर्दयी पति से मुक्ति मिली है और अब उनके भीतर की कलाकार निर्बंध है, स्वच्छंद है। उत्साह की तरंगे हैं, मन मयूर व्यग्र है नृत्य को। जीवंत हुई हैं वहीदा जी इस नृत्य में। आँखें भी तृप्त हो जाती हैं। पिक्चरइजेशन में रंगों का बेहिसाब उपयोग है। जाने क्यों वी शांताराम की याद आ जाती है।

अब आखिरी अंतरे पर आते हैं। शैलेंद्र एक दर्द, फलसफा ना कहें तो उनका गीत पूरा नहीं हो सकता। सो पूरे गाने की कमी उन्होंने आखिरी अंतरे में कर दी है। प्रेयसी चाँद से विनती करती है कि जब मैं अकेले हूँ तब तेरी किरणें तन जलाती हैं, तू बस उस दिन चमकना जब मिलेंगे हमारे तन मन (पिया और मेरे)। 'रात को जब चाँद चमके, जल उठे तन मेरा, मैं कहूँ, मत करो चँदा इस गली का फेरा... आना मोरा सैंया जब आए, चमकना उस रात को जब मिलेंगे तन-मन, मिलेंगे तन-मन... पिया तोसे नैना लागे रे...' वाह! दिल खुश हो जाता है।

सचिन दादा का संगीत पूरब के लोकगीतों का झोंका है। शास्त्रीय राग पर आधारित होते थे, मगर बोझिल नहीं। यह गीत खमाज राग पर आधारित है, जो श्रृंगार रस का राग है। तो इस श्रृंगार रस गाने पर वारी-वारी हुआ जाता है मन। पेट में एक अजीब-सी हलचल होती। जब-जब वो नैना लड़ने के प्रसंग याद आते हैं, मन कह बैठता है- 'पिया तोसे नैना लागे रे।'

दिल का हाल सुने दिलवाला

फिल्म 'श्री 420' का एक गाना है- 'दिल का हाल सुने दिल वाला, सीधी-सी बात ना मिर्च मसाला, कहके रहेगा कहने वाला।'

वाह क्या गाना है! सुनते-सुनते मन में अनेक विचार आने लग गए। मन्ना डे ने इसे गाया है, शंकर जयकिशन ने संगीत दिया है। गीत के बोल लिखे है शैलेंद्र ने। फिल्म में भोला राज, फुटपाथ पर रहने वाली ललिता पवार और उसके साथियों के पास जाता है, रात काटनी है, अपना परिचय देना है। एक ढपली और एक आलाप- हल्के से डोलते पैर... मिर्च मसाला, दिलवाला, पुलिस वाला, दौलत वाला, थानेदार का साला... शैलेंद्र ने इन शब्दों से तुकबंदी की है, ये सिर्फ तुकबंदी नहीं थी, एक दर्शन था। एक भोलापन था, जिन लोगों के सामने गाना था उन्हें एक संदेश भी देना था। भारी-भरकम शब्दों के बिना छोटे-छोटे तुक मिला के शैलेंद्र जो कह जाते हैं, वो मोटी-मोटी किताबें नहीं कह पाती हैं। पहले ही अंतरे में- 'भूख ने है बड़े प्यार से पाला' गरीबी की दशा के साथ-साथ उसमें छुपा प्यार भी श्रोताओं तक पहुँचता है। दूसरे अंतरे में- 'ये तो है थानेदार का साला' समाज में बसे विशिष्ट व्यक्तिवाद को भी दर्शा जाता है। आखिरी अंतरे में जो सलाह है, उसे सलाम- 'बिन मौसम मल्हार ना गाना, आधी रात को मत चिल्लाना, वरना पकड़ लेगा पुलिसवाला', ये लाइन हर व्यक्ति को सावधान करती है कि समाज के बनाए नियमों से अगर कुछ अलग किया तो तुम्हारी खैर नहीं।

वाह शैलेंद्र साहब, वाह! सलाम इस अद्वितीय प्रतिभा को! हाँ मन्ना डे की गायकी, शंकर जयकिशन का संगीत और राजकपूर की पैरों की हल्की-सी थिरकन, जादू है इस गाने में। यह एक संपूर्ण गाना है।